# DAS HARLEY BIKER'S KOCHBUCH

BURGER, STEAKS & TACOS FÜR DEN GROSSEN HUNGER

# DAS HARLEY BIKER'S KOCHBUCH

## BURGER, STEAKS & TACOS FÜR DEN GROSSEN HUNGER

**OWEN ROSSAN**

BIKER CONSULTANT
**TOD RAFFERTY**

HEEL

Impressum


HEEL Verlag GmbH
Gut Pottscheidt
53639 Königswinter
Tel.: 02223 9230-0
Fax: 02223 9230-13
Mail: info@heel-verlag.de
Internet: www.heel-verlag.de

8. Auflage: 2015



Übersetzung: Walther Wuttke, Bad Honnef

ISBN 978-3-89880-918-4

# Inhalt

# Vorwort

Das Motto der Harley-Biker ist „Fahr, um zu leben. Lebe, um zu fahren". Weil Essen nun mal zu den lebenswichtigen Dingen zählt und weil die Vorbereitung und das Essen in der Gesellschaft von guten Freunden zu den angenehmen Dingen des Lebens gehört, lautet das Motto dieses Buches: „Fahre, um zu essen. Esse, um zu fahren".

Jeder, der schon mal einige Zeit auf einem Motorrad zugebracht hat, weiß um die Wichtigkeit von guten Mahlzeiten. Motorradfahren ist eine harte körperliche Tätigkeit. Sie verlangt eine gute Koordination von Händen, Augen und Fuß, eine schelle Auffassungsgabe und eine gewisse Muskelkraft. Essen (häufiges Essen) hilft dem Biker, diese Fähigkeit zu bewahren. Auf der anderen Seite läuft der falsch ernährte Biker Gefahr, den Auswirkungen von Müdigkeit, Kälte und geringer Kondition zum Opfer zu fallen.

Motorradfahren und die Nahrungsaufnahme haben eine fundamentale Eigenschaft gemeinsam: Ausgeglichenheit. Eine unausgeglichene Ernährung kann uns wie ein falsch eingestelltes Motorrad einfach umfallen lassen. Und das ist oftmals sehr schmerzhaft. Ärzte betreten die Szene und manchmal sogar Rechtsanwälte. Das Leben wird unangenehm, die Zeit der Rehabilitation zieht sich in die Länge, die Batterie im Motorrad entlädt sich, der Vergaser ist verstopft – und warum? Nur weil man Mutterns alte Mahnung, daß die wichtigste Mahlzeit des Tages ein gutes Frühstück ist, nicht ernst genommen hat.

Oder, und das ist mindestens genauso wichtig wie eine ausgeglichene Ernährung, wir vergessen den anderen Teil unseres „Esse-um-zu-fahren-Programms": Das Training. Es gibt natürlich immer wieder Biker – jeder kennt sie –, die meinen, diesen Teil könne man vernachlässigen. Da liegen Sie falsch. Genauso wie unverbranntes Benzin in einem nachlässig gewarteten Motorrad Schaden anrichtet, ist auch unverbranntes Essen gefährlich. Es neigt dazu, die Ventile zu verstopfen und irgendwann bleibt die Maschine einfach stehen, was dann wieder den Mediziner auf den Plan ruft.

Nun glaube man nicht, hier handele es sich um ein Gesundheitskochbuch, in dem es hauptsächlich um Körner und ähnliches geht. Nein, das ist echtes Essen für echte Biker. Leckere Mahlzeiten, die einen durch den Tag bringen und den Tag am Abend auf angenehme Art beenden.

Genießen Sie also diese Rezepte, teilen Sie sie mit anderen Bikern und denken Sie an die Worte von Roland „Motoring" Jones: „Wählt gute Freunde, nehmt gutes Brot, eßt gut, fahrt lang und kommt gut vorwärts."

**Tod Rafferty**
Teamkauz, Oldtimerrennen

# Einleitung

Kochen macht Spaß – Essen noch mehr. Das ist schon immer mein Motto gewesen. Dieses Kochbuch ist für Leute, die von Herzen gern essen. Wer denkt, ein paar Löffel Hüttenkäse mit einem Hauch Ketchup auf dem Teller wären ein Mittagessen oder Spaghetti aus der Dose seien ein gutes Abendessen für zwei, der braucht gar nicht weiter zu lesen. Erstens eignet sich das Zeug nicht zur Ernährung. Man kann wesentlich besseres und interessanteres Essen genauso leicht zubereiten und spart dabei auch noch Geld. Und zweitens, selbst wenn es gut schmeckt, sind die Portionen lächerlich. Die Portionen in diesem Buch sind für richtige Esser gedacht, also, wenn es zwei Personen heißt, dann sind das zwei echte Portionen für hungrige Biker. In meiner Familie ist noch nie jemand hungrig vom Tisch aufgestanden – und auch Sie werden es bei diesen Rezepten nicht tun!

Die Anweisungen in den meisten Kochbüchern klingen so, als gäbe es keine Alternative. Dabei muß man sich stets bewußt sein, daß ein Rezept nur ein Vorschlag und nicht etwa die Zehn Gebote oder eine Geschwindigkeitsvorschrift ist. Jeder Mensch hat schließlich seine eigenen Vorlieben. Wer mehr Chili oder weniger saure Sahne will, wer Knoblauch auf den Tod nicht mag, kann die Rezepte entsprechend ändern. Man wird weder verhaftet noch bestraft. Auch die Kapitelüberschriften haben keinen bindenden Charakter. Wer blue cheese soup zum Frühstück haben möchte, das mexikanische Omelette aber als Abendessen oder die gefüllten Pilze als Snack, dem steht es frei, es so zu tun. Die Einzigen, die einverstanden sein sollten, sind die Leute, für die man kocht. Und nicht irgendein Autor. Also keine falsche Scheu. Kreativ sein! Kochen sollte Spaß machen und nicht in harte Arbeit ausarten!

## Kochtips

Man kann mit ganz einfachen Zutaten erstaunliche Gerichte beziehungsweise Varianten von traditionellen Gerichten zaubern. Man benutze zum Beispiel Zutaten wie saure Sahne, Balsamico-Essig, Worcestershiresauce oder Sojasauce, um Geschmacksrichtungen zu verstärken oder zu verändern. Man kann auch andere Gewürze verwenden: zum Beispiel Ahornsirup oder Honig anstelle von Zucker; Senf oder Kaffee verstärken den Geschmack einer Sauce oder eines Gerichts. Man kann einen Toast mit Knoblauch, Kümmel, Paprika und Zucker einreiben. Es eignen sich auch frisch gemahlenes Salz, Pfeffer oder Zucker. Oder Tomatenhälften mit Öl einreiben und Salz, Pfeffer und Zucker darüber streuen. Bei niedriger Temperatur fünf Stunden(!) rösten und dann warm oder kalt essen. Zum Schluß: Wenn es nicht auf Anhieb schmeckt, so lange probieren, bis es schmeckt.

## Zeiteinsparungen

Viele Zeitgenossen sind ungeduldig und wollen schnell eine fertige Mahlzeit. Es gibt einige Möglichkeiten, um die Angelegenheit zu beschleunigen. Die Mikrowelle eignet sich, wenn man Zutaten schnell zum Kochen bringen will. Spargel zum Beispiel oder Mais sollte man in einer geschlossenen Schüssel einige

Minuten in die Mikrowelle stellen. Eine Artischocke zum Beispiel benötigt gerade zehn Minuten, bis sie gar ist.

Auch Zwiebeln oder Paprikaschoten können so für die weitere Verarbeitung vorbereitet werden. Man kann in der Mikrowelle auch Hähnchenteile vorkochen und Saucen aufwärmen, bevor sie mit Schmelzkäse, Butter oder Schokolade kombiniert werden. Allerdings ist es nicht notwendig, Mayonnaise oder Salsa selbst zuzubereiten, wenn vernünftige Ware im Glas erhältlich ist, die man mittels Olivenöl, Essig oder saurer Sahne verfeinern kann. Für das Mischen sollte man allerdings unbedingt einen Mixer benutzen.

Ein Salat muß nicht notwendigerweise langweilig sein Alleine schon durch die Zugabe von Oliven, Sardellen und gemahlenem Käse zusammen mit einer Vinaigrette wird er zu einer interessanten Mahlzeit. Eine großartige Vinaigrette entsteht in wenigen Minuten. Alles, was man braucht, ist Oliven- oder Salatöl, Weinessig, Salz, Pfeffer, Zucker und Senf. Das Verhältnis Öl zu Essig sollte drei zu eins betragen. Die einzelnen Zutaten werden in einem Mixer zusammengemischt. Am besten macht man gleich eine größere Menge. Eine Vinaigrette hält sich lange Zeit im Kühlschrank.

Wenn es Zitronen in rauhen Mengen gibt, sollte man sie kaufen, in Scheiben schneiden und im Tiefkühlfach einfrieren. Die in einer Vakuumdose gelagerten Zitronenscheiben eignen sich als Beigabe in kalten Getränken wie Eistee, Limonade oder Cocktails. Sie geben den Getränken einen zusätzlichen Geschmack und tragen gleichzeitig zur Kühlung bei. Auch Limonen oder Orangen lassen sich so verwerten. Im Küchenregal sollte stets ein Vorrat an Pasta, Dosentomaten und Tomatensauce vorhanden sein. Ebenso darf ein Stück Parmesankäse im Kühlschrank nicht fehlen. Niemals die fertig gemahlenen Parmesankäsesorten aus Tüten verwenden. Sie sind teuer und schmecken wie Seife. Eine Dose Muscheln, kombiniert mit einer Dose Tomatensauce, ergibt eine hervorragende Vongole-Sauce für Spaghetti. Auch gehackter Knoblauch, Tomaten, kleingeschnittene Sardellen und Oliven sind Zutaten für eine gute Sauce.

Wenn sich Eiscreme als zu hart erweisen sollte, wirken einige Sekunden in der Mikrowelle wahre Wunder. Eis schmeckt ja auch viel besser, wenn es nicht so hart ist . . . Eine ganz tolle Eissauce ergibt Erdnußbutter, gemischt mit ein bißchen Milch bei niedriger Temperatur in der Mikrowelle zubereitet. Man kann auch den Lieblings-Schokoriegel nehmen. Es gibt zahllose Möglichkeiten.

Einige der Rezepte stammen von Louise Washington, einer Köchin aus New Orleans, und ihrer Freundin Melanie Feldman. Andere sind das Ergebnis von Spielereien in der Küche. Das genau ist das Schöne am Kochen. Man probiert so lange aus, bis man ein neues Rezept erfunden hat – also seid frei – kocht frei!

**Owen Rossan**
Autor

SHOTGUN
WILLIE'S
SKI SHOP
RENTALS SALES
WELCOME, BIKER
OPEN
403
BURGE
B·B·Q/CA

# FRÜHSTÜCK & BRUNCH

Mutter hatte Recht, als sie das Frühstück zur wichtigsten Mahlzeit des Tages beförderte. Da viele Biker das Mittagessen auslassen oder nur einen kleinen Snack zu sich nehmen, kommt dem Frühstück noch mehr Bedeutung zu. Die folgenden Mahlzeiten versorgen den Motorradfahrer mit ausreichenden Kohlehydraten und Proteinen. Als Getränke eignen sich Milch oder Fruchtsäfte. Auch wenn man zur Mittagszeit auf der Straße ist, hat man genug Energie für den Tag getankt.

## AUF DER SPEISEKARTE

- Suzie's Sour Cream Pancakes
- Cheesy French Toast
- El Paso Omelet
- Cajun Fried Matzos
- American Heritage Biscuits
- Kickstart Corn Bread
- Jalapeño Horsepower Grits

# Suzie's Sour Cream Pancakes

*Schmecken alleine schon gut, mit Früchten nach Wahl noch viel besser.*

Für vier Biker

ZUTATEN

*$1\frac{1}{2}$ Tassen Mehl*
*Ein Teelöffel Zucker*
*$2\frac{1}{2}$ Teelöffel Backpulver*
*Eine Prise Salz*
*Zwei große Eier*
*0,2 Liter Milch*
*Sechs Eßlöffel geschmolzene Butter*
*$\frac{2}{3}$ Tasse Schmant*
*Eine Tasse Beerenfrüchte nach Geschmack*

**1**. Mehl durchsieben und mit dem Zucker, Backpulver und Salz mischen.

**2**. In einen anderen Behälter die Eier nacheinander schlagen und danach Milch, geschmolzene Butter und Schmant hinzugeben. Die Mehlmischung hineingeben und gut mischen. Die Beeren langsam hinzugeben.

**3**. In einer Pfanne eine dünne Ölschicht erhitzen und drei Eßlöffel des Teigs in die Pfanne geben. Bis die Pancakes braun sind, von beiden Seiten backen (jeweils ein bis zwei Minuten). Mit Sirup oder Marmelade, auf jeden Fall aber mit einem starken Kaffee servieren.

# Cheesy French Toast

*Der Käse macht diesen French Toast zu etwas Besonderem.*

Für zwei bis drei Biker

ZUTATEN

*Sechs Scheiben Brot (nicht frisch, aber auch nicht hart)*
*Drei große Eier*
*170 Gramm gemahlenen Käse (Cheddar, Gruyère oder irgendeinen anderen Hartkäse)*
*$\frac{1}{2}$ Teelöffel Muskatnuß*
*Butter zum Braten*

**1**. Das Brot darf nicht zu weich sein, sonst läuft der Käse herunter. Wenn es zu weich ist, zehn Minuten im Ofen trocknen, nicht toasten.

**2**. Eier, Käse, Muskatnuß in einen Mixer geben und schaumig mixen. In eine Schüssel geben und das Brot dort mindestens zehn Minuten von jeder Seite ziehen lassen.

**3**. Eine große Pfanne erhitzen und Butter hineingeben, so daß der Boden gut bedeckt ist. Wenn die Butter schaumig wird, das Brot aus der Eimixtur holen, abtropfen lassen und in der Pfanne braten, bis beide Seiten braun sind. Danach sofort aus der Pfanne nehmen.

**4**. Mit Marmelade, Sirup oder auch einem knusprigen Stück Speck servieren.

„Die besten Fahrten und die besten Mahlzeiten sind irgendwie untrennbar miteinander verbunden. Vor kurzem hatte ich dieses sensationelle mexikanische Omelette, und ich erinnerte mich sofort an diesen Trip vor 15 Jahren durch Arizona zusammen mit meinem Freund Jimmie. Ich erinnerte mich, als wäre es gestern gewesen. Danach hatte ich einen wahnsinnigen Hunger auf eine Zimtrolle."

Roland Jones, Kalifornien

# El Paso Omelet

*Ein Omelette mit etwas mehr Substanz als sonst. Die Zubereitung unter dem Ofengrill gibt ihm diese Konsistenz.*

ZUTATEN

*Öl zum Braten*
*½ kleine gehackte Zwiebel*
*Eine Tasse mit in Würfeln geschnittenen gekochten Kartoffeln*
*100 Gramm gewürzte Salami*
*Drei grüne gehackte Chilischoten*
*Sechs große Eier*
*Ein Eßlöffel Milch*
*⅛ Teelöffel Cayennepfeffer*
*¼ Teelöffel Salz*
*Eine Tasse zerhackter Hartkäse (nach Geschmack)*
*Schmant*
*Gehackter Schnittlauch*
*Gebratene, in Dreiecke gebrochene Tortillas als Dekoration*
*Scharfe Salsa*

**1**. In eine gußeiserne Pfanne (wichtig, weil sie unter den Ofengrill kommt – wenn keine vorhanden, kann man auch zuerst eine Pfanne nehmen und dann eine hitzebeständige Kasserolle) Öl hineingeben und auf kleiner Hitze einstellen. Die Zwiebeln hinzugeben und fünf Minuten lang braten lassen, bis sie weich sind.

**2**. Kartoffeln, Salami und grüne Chilischoten hinzugeben. Fünf Minuten lang bei mittlerer Hitze anbraten und hin und wieder umrühren.

**3**. Die Eier, Milch, Cayennepfeffer und Salz schaumig schlagen. Die Temperatur erhöhen, bis das Öl heiß ist. Wenn das Öl aufgebraucht sein sollte, neues hineingießen. Nun alle Zutaten in der Pfanne umrühren und die schaumigen Eier hinzugeben. Darauf achten, daß alle Eier richtig gebraten werden.

**4**. Wenn die Eier fast fertig sind, die Pfanne von der Herdplatte nehmen und den gemahlenen Käse verteilen. Nun die Pfanne bei niedriger Temperatur unter den Ofengrill stellen, damit der Käse schmelzen kann.

**5**. Auf einen erwärmten Teller geben, den Schmant verteilen und mit den Tortillas dekorieren. In Portionen schneiden und mit einer scharfen Salsa servieren. Am besten paßt eine heiße Schokolade mit Zimt zu diesem Gericht.

# Cajun Fried Matzos

*Dies ist eine würzige Variante eines alten jüdischen Gerichts. Man kann es je nach Geschmack schärfer zubereiten oder abschwächen.*

Für zwei Biker

ZUTATEN

*Vier Matze*
*Vier geschlagene Eier*
*¼ Tasse geschnittener Schnittlauch oder Frühlingszwiebeln*
*½ Tasse Milch*
*Ein Teelöffel Zucker*
*Worcestershiresauce*
*Tabasco-Sauce*
*Butter als Bratfett*

**1**. Die Matze zerbrechen und in eine Schüssel legen. Kochendes Wasser über die Matze gießen, bis sie bedeckt sind. Danach die Schüssel abdecken und drei bis vier Minuten warten.

**2**. Das Wasser wegschütten, die geschlagenen Eier und den geschnittenen Schnittlauch oder die Zwiebeln mit der Milch und dem Zucker hinzugeben. Gut mischen. Drei bis vier Spritzer Worcestershire- oder Tabasco-Sauce.

**3**. Butter in der Pfanne schmelzen, bis sie braun wird. Dann die Matze-Mischung hinzugeben und in der Pfanne verteilen. Bei mittlerer Hitze braten, bis die Unterseite braun ist. Danach wenden und die andere Seite braten.

**4**. Den fertigen Teig in Dreiecke schneiden. Mit feingehacktem Schnittlauch oder Zwiebeln garnieren und mit Schmant und einem starken schwarzen Kaffee servieren.

# Kickstart Corn Bread

*Schnell zuzubereiten und daher ideal fürs Frühstück.*

ZUTATEN

*Eine Schachtel Maisbrotmix, das mit Wasser und Eiern zubereitet wird.*
*Drei Eßlöffel feingehackte Chilischoten*
*Eine Tasse Mais aus der Dose*

**1**. Den Maisbrotmix den Anweisungen auf der Packung entsprechend zubereiten. Chili und Mais hinzugeben und nach den Anweisungen backen. Die Backzeit aber um zwei bis drei Minuten verlängern.

**2**. Aus dem Ofen nehmen und einige Minuten lang abkühlen lassen. In Quadrate schneiden und mit Butter, Erdbeermarmelade oder Honig, auf jeden Fall aber mit viel Kaffee servieren.

# American Heritage Biscuits

*Schnell und einfach in der Zubereitung und daher ideal für ein schnelles und reichhaltiges Frühstück.*

ZUTATEN

*Zwei Tassen Mehl*
*Zwei Teelöffel Backpulver*
*Ein Teelöffel Salz*
*½ Tasse Öl*
*Eine Tasse Milch*

**1**. Das Mehl durchsieben und mit dem Backpulver und Salz in einer Schüssel vermengen. Öl hinzugeben und solange kneten, bis es vollständig in der Mehlmischung aufgegangen ist. Unter ständigem Rühren die Milch hinzugeben.

**2**. Die Teigmischung mit einem Löffel auf ein eingefettetes Backblech tropfen. Im Ofen bei 230 Grad ca. 15 Minuten bis zur Bräunung backen. Mit Butter, Marmelade, Honig oder mit Rührei und Speck servieren.

# Jalapeño Horsepower Grits

*Hafergrütze ist ideal für Zutaten mit einem starken Eigengeschmack. Der Käse, Speck und Chili machen diese Variante zu einem idealen Start in den Tag.*

Für vier Biker

ZUTATEN

*Drei Tassen Wasser*
*¾ Tasse Haferschrot*
*½ Tasse gemahlener Käse (Cheddar oder ähnliches)*
*Vier Eßlöffel Chilischoten*
*Vier Scheiben Speck, fein in Würfel geschnitten*
*Tabasco-Sauce (wer's mag)*
*Schmant (wer's mag)*

**1**. Wasser in einer Kasserolle zum Kochen bringen. Den Haferschrot langsam beigeben. Die Hitze auf mittleres Niveau stellen und umrühren. Wenn der Haferschrot langsam dick wird, den Käse hinzugeben. Beim Schmelzen des Käses die Chilischoten – wenn man sie am Morgen ertragen kann – zusammen mit dem Speck hinzugeben. Ungefähr eine Minute kochen lassen, bis es dick wird.

**2**. In vier Suppentassen geben und mit Speck garnieren. Wer will, kann noch einen Spritzer Tabasco oder etwas Schmant hinzugeben. Das Ganze schmeckt großartig mit Rührei, Toast und Marmelade und einem starken Kaffee.

**PS.** Wenn man auf Chili verzichtet, sollte man aber nicht die Tabasco-Sauce weglassen.

„Ich habe bei meinen langen Ausfahrten zwei Lieblingsziele. Eins ist eine Pension in der Sierra, wo sie die besten Crêpes und Krapfen machen. Nein, den Namen verrate ich nicht. Das andere Ziel ist das Haus meines alten Freundes Hank Simmons in New Mexico. Er ist einer der besten 'Kühlschrank-Köche'. Er kann perfekt den Inhalt seines Kühlschranks zu einer Mahlzeit kombinieren. Seine Spezialität ist aber die Zubereitung von selbst gefangenen Regenbogenforellen. Einfach phantastisch."

Dallas McGrath, Colorado

Budweiser Racing
Budweiser Racing
Budweiser Racing
THE CYCLE CENTER
HARLEY-DAVIDSON
TEXAS
STURGIS

# APPETITANREGER

Die Schwierigkeit mit Vorspeisen ist, daß man nie weiß, wann man aufhören soll. Man kann das Problem lösen, indem man einfach nicht zuviel von ihnen zubereitet. Gute Vorspeisen erfüllen genau ihren Zweck: Sie regen den Appetit auf die Hauptmahlzeit an. Sie helfen uns, von den Anstrengungen des Tages in den mentalen Leerlauf zu schalten, in der Vorfreude auf ein köstliches Abendessen.

## AUF DER SPEISEKARTE

*Thunder Grunt Stuffed Mushrooms*

*Norm's Nasty Nachos*

*Manny's Fried Mozzarella Sticks*

*Billy's Buffalo Wings*

*Claude's Blue Cheese Soup*

# Thunder Grunt Stuffed Mushrooms

*Die schwere Knoblauchpackung gibt diesen Pilzen das gewisse Etwas. Sie paßt aber auch zum Rest der Füllung. Das Geheimnis liegt darin, die Butter in die Pilze eindringen zu lassen, nachdem sie die gesamte Füllung durchsogen hat.*

Für zwei bis drei Biker

ZUTATEN

*Zehn Pilzköpfe (Sie sollten so groß wie möglich sein, um die Füllung aufnehmen zu können.)*
*Drei Streifen Speck*
*1/4 Tasse Butter*
*Zwei bis drei feingehackte Knoblauchzehen*
*1/2 Tasse frische Brotkrumen*
*1 1/2 Teelöffel Worcestershiresauce*
*3/4 Tasse gemahlener Parmesankäse*
*Fünf Eßlöffel gemahlener Parmesan zum Bestreuen*

**1**. Die Stengel der Pilze entfernen. Pilze säubern und trocknen. Den Speck braten bis er knusprig ist. Fett in der Pfanne lassen.

**2**. Das Fett in der Pfanne erhitzen und die Butter hinzugeben. Den Knoblauch unter Rühren langsam fünf Minuten lang anbraten. Danach die Brotkrumen hineinrühren und einige Minuten braten.

**3**. Die Worcestershiresauce, den Käse und zum Schluß den Speck in die Pfanne geben. Wieder mischen und einige Minuten anbraten. Wenn alles gut vermischt ist, von der Platte nehmen. Die Mixtur sollte feucht, aber nicht naß sein. Wenn zuviel Flüssigkeit vorhanden ist, noch ein paar Brotkrumen hinzugeben.

**4**. Die Masse in die Pilze geben und mit dem gemahlenen Parmesan bestreuen. Die gefüllten Pilze kommen nun auf ein Backblech.

**5**. 20 Minuten lang bei 180 Grad im Ofen überbacken, bis der Käse braun wird. Wichtig ist, die Temperatur nicht zu erhöhen, damit die Butter in den Pilz eindringen kann. Die Pilze herausnehmen, mit einem Papiertuch das herauslaufende Fett auffangen und mit einem Glas Wein servieren.

„Manchmal, bei einem langen Trip, beginnt man, über das Essen zu phantasieren. Die Bilder von delikaten Mahlzeiten geistern vor deinen Augen, und man fängt an, daran zu denken, wie eine ganz bestimmte Mahlzeit schmecken würde, wenn man nicht mitten in der Nacht einige hundert Meilen vom nächsten Restaurant entfernt sein würde. Nach einer gewissen Zeit schmeckt man die Gerichte und irgendwann verschwindet der Hunger dann, und wird von dem Gefühl, langsam verrückt zu werden, abgelöst."

Gordon C. Childress, Indiana

# Norm's Nasty Nachos

*Leicht zuzubereiten und schmackhafter als in den meisten Restaurants.*

Für zwei bis drei Biker

ZUTATEN

*Eine Dose Chilischoten*
*Ein Pfund Hartkäse*
*Grüne Tabascosauce*
*Eine Packung Tortilla-Chips*

**1**. Die Chilischoten in kleine Stücke schneiden. Den Käse ebenfalls in Stücke schneiden und in einer Schüssel zusammen mit einigen Spritzern der grünen Tabascosauce vermengen. Den Käse in der Mikrowelle schmelzen. Das geht natürlich auch in einer Pfanne auf dem Herd. Wenn der Käse Blasen wirft, die Chilischoten hinzugeben.

**2**. Eine Lage Chips auf einem hitzeresistenten Teller legen. Darauf eine Lage Käse, gefolgt von einer Lage Chips usw. Davon vier oder fünf Lagen übereinanderschichten. Als Abschluß folgt eine Lage Käse.

**3**. Einige Minuten im Bratofen backen lassen, bis der Käse Blasen wirft und dann mit Maragrita-Cocktails und ausreichend Servietten servieren.

# Manny's Fried Mozzarella Sticks

*Bestimmt nicht für eine Diät geeignet, aber zusammen mit den richtigen Dips einfach großartig.*

Für drei bis vier Biker

ZUTATEN

*Ein Pfund Mozzarella-Käse*
*Zwei Eier*
*½ Tasse Brotkrümel*
*Ein Teelöffel Cajun-Gewürze*
*Öl fürs Braten*

**1**. Den Käse in längliche Stücke (ungefähr sieben Zentimeter) schneiden. Die Eier schlagen. Brotkrümel und Gewürze zusammenrühren, die Käsestücke in die Eier legen und danach mit den Brotkrümeln panieren.

**2**. Öl erhitzen (es darf nicht zu heiß werden), und die panierten Käsestücke fritieren, bis sie goldbraun sind. Wenn nötig wenden. Das Braten dauert ungefähr eine Minute.

**3**. Mit einem Schaumlöffel aus der Schüssel holen und sofort servieren. Man kann den Mozzarella alleine essen, er schmeckt aber auch hervorragend mit der Carolina-Marinade (Seite 67), der Sauce aus Billys Blue Cheese Buffalo Wings, Schmant mit Schnittlauch, Mayonnaise mit Salsa oder einfach nur Salsa. Mit viel Bier herunterspülen.

# Claude's Bleu Cheese Soup

*Dies ist eine besondere Suppe. Der Blauschimmelkäse gibt ihr einen unverwechselbaren Geschmack. Die Suppe läßt sich auch mit Gorgonzola, Stilton oder Roquefort herstellen. Außerdem ist Sie leicht zuzubereiten.*

Für vier Biker

ZUTATEN

*¼ Tasse Butter*
*Drei geschnittene Zwiebeln*
*Zwei Eßlöffel Mehl*
*Vier Tassen Hühnerbrühe*
*170 Gramm Blauschimmelkäse*
*⅔ Tasse Sahne*
*Eine Prise Muskatnuß*
*Salz und Pfeffer*
*Croutons, geschnittene Petersilie fürs Garnieren*

**1**. Bei kleiner Hitze die Butter in einem Kochtopf schmelzen. Zwiebeln hinzugeben und langsam kochen, bis sie weich sind.

**2**. Das Mehl hinzugeben und rühren, bis das Mehl untergemischt worden ist. Nun langsam die Hühnerbrühe hineingießen und rühren. Sicherstellen, daß keine Mehlklümpchen entstehen.

**3**. Aufkochen lassen, die Hitze verringern und nun den Blauschimmelkäse, Sahne, Muskat, Salz und Pfeffer unterrühren. In Suppentassen servieren und mit Croutons und Petersilie garnieren. Dazu passen Baguette, Butter und ein Glas Wein.

# BILLY'S BUFFALO WINGS

*Ob es irgendwo jemanden gibt, der keine Hähnchenflügel mag? Wenn nicht, kann man dieses wahrlich explosive Rezept probieren. Wer es nicht so scharf liebt, bleibt in der Küche und nimmt einfach weniger scharfe Gewürze.*

ZUTATEN

*Zwei Pfund Hähnchenflügel*
*Salz*
*Öl fürs Fritieren*

*SAUCE*

*Zwei Tassen Tomatensauce aus der Dose*
*Zwei Teelöffel zerhackter Knoblauch*
*Ein Eßlöffel Meerrettich-Sauce*
*Ein Teelöffel zermahlener roter Pfeffer/zermahlener Chili*
*Ein Teelöffel Cayenne-Pfeffer*
*Ein Teelöffel Knoblauchpulver*
*Ein Teelöffel Tabasco*

**1**. Zuerst die Sauce zubereiten. Alle Zutaten zusammenmischen und erhitzen, bis es fast kocht. Die Hitze kleiner stellen und die Flügel zubereiten.

**2**. Die Spitzen der Flügel abschneiden. Die Flügel am Gelenk in zwei Stücke schneiden. Die Flügel einsalzen und stehen lassen.

**3**. Das Öl erhitzen und die Flügel fritieren, bis sie braun sind. Danach abtropfen und in einer Schüssel abkühlen lassen.

**4**. Die warme Sauce über die Flügel gießen, so daß alle Flügel gut bedeckt sind. Mit Blue Cheese Dressing (rechts), Sellerie und einem Feuerlöscher sofort servieren. Ein kaltes Bier schadet nicht.

## BLUE CHEESE DRESSING

ZUTATEN

*170 Gramm Blauschimmelkäse*
*½ Tasse Mayonnaise*
*½ Tasse Schmant*
*Ein Teelöffel Worcestershiresauce*
*Ein Eßlöffel Zitronensaft*
*Ein Eßlöffel Sherry (trocken)*
*Ein Teelöffel zerhackter Knoblauch*
*Eine Prise Pfeffer*

**1**. Alle Zutaten in einen Mixer geben und einige Sekunden lang vermengen. Wenn sich nicht alle Zutaten aufgelöst haben, noch mal versuchen. Nicht übertreiben.

„Die Umgebung ist genauso wichtig wie das Essen. Das Frühstück zum Beispiel schmeckt am besten an einem Lagerfeuer, und das Mittagessen bekommt mir in meiner Küche besser als in einem Schnellimbiß.

Natürlich ist es bequem, in einem Restaurant zu essen, schließlich muß man kein Geschirr spülen. Aber es ist irgendwie so, als wenn man irgend jemand an seinem Motorrad arbeiten läßt. Es ist befriedigender, wenn man es selbst macht."

Jack Randall, New Hampshire

OPEN
B·B·Q
WELCOME
BIKERS

# Fleischgerichte

Nichts schmeckt besser als ein gut zubereitetes Stück Fleisch. Die Kochmethoden mögen sich unterscheiden, doch am wichtigsten ist die Kombination aus Fleisch und der richtigen Zubereitung. Natürlich kann man in einem Land wie Amerika an jeder Ecke gutes Fleisch kaufen, und die Kostprobe örtlicher Spezialitäten lohnt sich allemal. Man sollte es nicht versäumen, in jeder Stadt nach dem besten Steak zu fragen. Und keinesfalls darf man Kansas City links liegen lassen.

## AUF DER SPEISEKARTE

- *Lone Star BBQ Spareribs*
- *Carmelita's Fajita Skirt Steak with Guacamole*
- *Fried Ham Steak & Red Eye Gravy*
- *Torque Master Meatloaf*
- *Benjie's Beijing Spareribs*
- *Lenny's Lemon BBQ Short Ribs*
- *Fat Sam's Stuffed Pork Chops*
- *Louise Washington's Best Chili (& Even Better Chili & Beans)*
- *Bad Boy Beef Tacos*
- *Ricki Sue's Beef Barbecue*
- *Nicole's Nostalgia Lasagne*
- *Marty's Brewhouse Brisket*

# Lone Star BBQ Spareribs

*Langsam zubereitete Rippchen in einer großartigen Sauce, gibt es etwas Besseres?*

Für zwei Biker

ZUTATEN

*Zwei Lagen Schweinerippchen*
*Salz*

SAUCE

*Eine zerhackte Zwiebel*
*Drei Knoblauchzehen*
*Ein Eßlöffel Salbei*
*Drei Eßlöffel Worcestershiresauce*
*Ein Teelöffel Tabasco-Sauce*
*Eine Tasse Ketchup*
*¼ Tasse Zitronensaft*
*¼ Tasse Essig*
*Ein Teelöffel Senf*
*Ein Teelöffel Selleriesalz*
*¼ Tasse brauner Zucker*
*Ein Teelöffel Cayenne-Pfeffer*
*Ein Teelöffel Chili-Pulver*

**1**. Das Fett von den Rippchen entfernen und ungefähr zwei Zentimeter zwischen den einzelnen Stücken einschneiden. Leicht salzen.

**2**. Alle Zutaten für die Sauce rund 30 Minuten lang vorsichtig erhitzen. Hin und wieder umrühren, nicht aufkochen lassen.

**3**. Die Rippchen kommen auf einen Rost und werden bei 200 Grad im Ofen 15 Minuten lang erhitzt. Dann die Temperatur auf 180 Grad verringern. Die Rippchen wenden und mit der Sauce einreiben. Weitere 30 Minuten lang braten, nach 15 Minuten mit der Sauce begießen. Die Ripchen wenden, wieder mit Fett begießen und weitere 30 Minuten im Ofen braten.

**4**. Die Rippchen aus dem Ofen nehmen und mit zusätztlicher Sauce, Pommes Frites oder Baguette servieren. Mit Bier herunterspülen.

**PS.** Die Rippchen können auch langsam über Holzkohle gegrillt werden. Das dauert dann gut eine Stunde.

# Carmelita's Fajita Skirt Steak with Guacamole

*Jedes Steak läßt sich so zubereiten.*

ZUTATEN

*Ein großes Steak (ungefähr 1½ Pfund)*

MARINADE

*½ Tasse Salatöl*
*1½ Eßlöffel gemahlener Kümmel*
*Drei feingehackte Knoblauchzehen*
*½ Teelöffel Salz*
*½ Teelöffel Zucker*
*1½ Eßlöffel Limonensaft*
*Zwei Eßlöffel frischer oder, wenn nicht anders möglich, tiefgekühlter Cilantro*
*Tabasco*

**1**. Die Zutaten für die Marinade zusammenmixen und 15 Minuten lang stehen lassen.

**2**. Das Steak in der Marinade wenden. Am besten über Nacht, aber mindestens vier bis fünf Stunden in der Marinade liegen lassen. Immer wieder wenden.

**3**. Das Steak aus der Marinade holen, abtropfen und je nach Geschmack auf heißer Flamme oder über Holzkohle braten. Dabei mit der Marinade bestreichen.

**4**. Mit der Guacamole (Rezept rechts), gebratenen Zwiebeln, einer Salsa (Medium) und warmen Tortillas servieren, dazu ein mexikanisches Bier trinken.

## GUACAMOLE

ZUTATEN

*Eine reife Avocado*
*Zwei Eßlöffel fein gehackte Zwiebeln*
*Ein Eßlöffel Limonensaft*
*Einige Spritzer Tabasco*
*Viel Salz*
*Eine fein gehackte Chilischote*

**1**. Wenn die Avocado nicht reif ist, fünf Minuten lang in die Mikrowelle legen. Die Avocado halbieren, in Streifen schneiden und das Fruchtfleisch in eine Schüssel geben.

**2**. Mit einer Gabel zerkleinern und dabei die anderen Zutaten hinzufügen. Es gibt zwei Guacamole-Schulen, die grobe und die feine. Wer der letzteren angehört, sollte mit dem Zerkleinern aufhören, bevor die Masse zum Püree wird. Dabei geht nämlich der Charakter vollkommen verloren.

„Barbecue ist das Beste, daß sich Gott hat einfallen lassen. Wenn ein Himmel existiert, dann gibt es dort jeden Tag Barbecue. Einige Leute ziehen ja Rindfleisch vor. Doch eine schöne Schweinshaxe, direkt aus der Räucherei auf den Grill und mit einer guten Sauce serviert, das ist einfach himmlisch."

Emmet Johnson, South Carolina

# Fried Ham Steak & Red Eye Gravy

*Das vor allem im Süden der USA beheimatete Gericht wird vom Gegensatz zwischen dem salzigen Geschmack des Schinkens und dem süßen Geschmack der Sauce bestimmt.*

Für zwei Biker

ZUTATEN

*Zwei Schweinesteaks (das Fett nicht entfernen!)*
*Drei Eßlöffel brauner Zucker*
*Ein Teelöffel Zucker*
*⅓ Tasse starker schwarzer Kaffee*

**1** Die Schwarte von den Steaks entfernen. Ins Fett einschneiden. Mit dem braunen Zucker bestreichen und zehn Minuten stehen lassen.

**2** In eine Kasserolle geben und bei niedriger Temperatur braten. Nach sechs bis acht Minuten – dann ist eine Seite braun – wenden und noch einmal braunen Zucker auf das Fleisch geben. Der Zucker darf nicht verbrennen! Wenn beide Seiten braun sind, feststellen, ob die Steaks gar sind. Wenn nicht, die Temperatur verringern und weiter braten lassen. Danach auf eine Warmhalteplatte legen.

**3** Einen Teelöffel Zucker in den Kaffee geben und den Kaffee in die Kasserolle schütteln. Die Hitze erhöhen und den Kaffee mit den Fleischresten vermischen. Kurz vor dem Kochen die Sauce probieren und falls zu bitter, mehr zuckern. Die Sauce über die Steaks gießen und danach mit Spiegeleiern, Biscuits und viel heißem Kaffee servieren.

# Benjie's Beijing Spareribs

*Jedem Freund chinesischer Küche wohlbekannt. Am besten bereitet man sie zu Hause vor, steckt sie in eine Tüte und stellt sich vor, daß man sie bestellt hat.*

Für zwei Biker

ZUTATEN

*Ungefähr 2½ Pfund Schweine- oder Lamm-Rippchen*

MARINADE

*½ Tasse brauner Zucker*
*½ Tasse echte chinesische Sojasauce*
*¼ Tasse Ketchup*
*Ein Eßlöffel Sherry (trocken)*
*Ein Teelöffel zerhackter Knoblauch*
*Ein Teelöffel zerhackter, frischer Ingwer*

**1**. Das Fett von den Rippchen entfernen und oben und unten eine Lücke von jeweils einem Zentimeter zwischen die einzelnen Rippchen schneiden, damit die Marinade richtig einziehen kann und das Fleisch zart wird.

**2**. Die Marinade über die Rippchen gießen und ungefähr vier Stunden stehen lassen. Bei großem Hunger auch kürzer.

**3**. Die Rippchen auf einen Rost mit dem Knochen nach oben legen. 35 Minuten bei 180 Grad braten. Danach umdrehen und einige Male mit der Marinade bestreichen. Wenn die Rippchen noch nicht gar sind, die Temperatur erhöhen. Sie sollten eine rötlich braune Farbe haben, aber noch saftig sein.

**4**. Die einzelnen Rippchen aufschneiden, auf eine Platte legen und mit der Sweet Funky Dunking Sauce von der Seite 67 und Mi Hungs Mustard Sauce von Seite 66, gebratenem Reis und grünem gebratenem Gemüse servieren. Ein chinesisches Bier nicht vergessen.

# Torque Master Meatloaf

*Dieser Hackfleischbraten hat alles, was man von einem sättigenden Gericht erwartet und schmeckt, sollte etwas übrig bleiben, auch kalt auf einem Sandwich.*

Für vier Biker

ZUTATEN

*Ein Pfund Gehacktes (Rind)*
*Ein Pfund Gehacktes (Schwein)*
*Öl fürs Fritieren*
*Zwei in Scheiben geschnittene Zwiebeln*
*Zwei Paprikaschoten (gehackt)*
*Vier Stangen Sellerie (gehackt)*
*Zwei Dosen geschnittene Kastanien*
*Vier Knoblauchzehen (gehackt)*
*Zwei Tassen geschnittene Champignons*
*Zwei Teelöffel gemahlener Pfeffer*
*Zwei Teelöffel Thymian*
*Vier Teelöffel Paprika*
*Zwei Teelöffel Senf*
*Vier Teelöffel Selleriesalz*
*Vier Teelöffel Zucker*
*Drei Teelöffel Tabasco-Sauce*
*Fünf Eßlöffel Sojasauce*
*Vier Eßlöffel Worcestershiresauce*
*Vier Teelöffel Zitronensaft*

**1**. Das Fleisch in einer großen Schüssel kneten.

**2**. Zwiebeln in Öl anbraten. Bevor sie braun werden, Paprika, Sellerie, Kastanien und den Knoblauch hinzugeben. Wenn sie weich geworden sind, die Hitze erhöhen und die Pilze hinzugeben. Einige Minuten kochen lassen.

**3**. Die Hitze verringern und nun Pfeffer, Thymian, Paprika, Senf und Selleriesalz untermischen. Einige Minuten kochen lassen, dann Zucker, Tabasco, Sojasauce, Worcestershiresauce und Zitronensaft beigeben. Eine Minute unter Rühren kochen lassen.

**4**. Ungefähr 15 Minuten stehen lassen und das Fleisch hinzugeben. Eine bis anderthalb Stunden bei 180 bis 200 Grad im Ofen lassen.

**5**. Fett abgießen, in Scheiben schneiden und mit Kartoffelpüree und Tacosauce oder Ketchup servieren.

„Man kann so ungefähr alles in einem Wok zubereiten, und wenn man Spargel liebt, gibt es nichts Besseres. Und dabei gibt es noch den Vorteil, daß durch das viele Rühren gleichzeitig die Muskeln gestärkt werden. So kann man auf der einen Seite den Hunger stillen und gleichzeitig die Gashand kräftigen."

Grant Wilson Illinois

# Lenny's Lemon BBQ Short Ribs

*Rinder-Rippchen werden häufig wegen ihres Fetts und ihrer Zähigkeit verkannt. Die Zitrone in der Sauce löst dieses Problem und bietet eine angenehme Abwechslung von den üblichen Schweine-Rippchen.*

Für vier Biker

## Zutaten

*Vier Pfund Rinder-Rippchen*

### *Marinade*

*½ Tasse Zitronensaft*
*Drei gehackte Knoblauchzehen*
*¾ Tasse brauner Zucker*
*1½ Teelöffel Chili-Pulver*
*½ Tasse Tomatensauce*
*Ein Eßlöffel Salz*

**1**. Die Zutaten für die Marinade gut mischen und über die Rippchen gießen, so daß sie ganz von der Marinade überzogen sind. Notfalls noch mal Marinade zusammenrühren. Das Fleisch mindestens drei Stunden in der Marinade liegen lassen.

**2**. Die Rippchen in eine Kasserolle legen und die Marinade über das Fleisch gießen. Deckel schließen. 45 Minuten lang im Ofen bei 180 Grad kochen lassen. Danach die Rippchen herausholen.

**3**. Danach die Rippchen auf einen Bratrost oder Holzkohlegrill legen und 20 Minuten garen lassen, bis sie braun und knusprig sind.

**4**. Während die Rippchen braten, wird die Sauce aus der Kasserolle entnommen und das Fett abgeschöpft.

**5**. Die fettlose Sauce kurze Zeit aufkochen und zusammen mit den Rippchen servieren. Knoblauchbrot und grüner Salat sind gute Beilagen.

**PS.** Man kann die Rippchen auch langsam grillen, ohne sie vorher zu kochen. Während des Grillens mit Sauce bestreichen.

# Fat Sam's Stuffed Pork Chops

*Diese Schweineschnitzel haben einen italienischen Beigeschmack. Der Balsamico-Essig in der Pfanne erzeugt einen wunderbaren Geschmack.*

Für vier Biker

ZUTATEN

*Zwei feingehackte Knoblauchzehen*
*Vier dicke Schweineschnitzel (der Metzger sollte eine tiefen Tasche hineinschneiden)*
*Ein Teelöffel Salbei*
*Ein Teelöffel Oregano*
*Ein Teelöffel Rosmarin*
*½ Tasse frische Brotkrumen*
*Ein oder zwei Eßlöffel Olivenöl*
*Zwei Eßlöffel gehackte grüne Oliven*
*Salz und Pfeffer*
*Ungefähr zwei Eßlöffel Olivenöl*
*⅓ Tasse Balsamico-Essig*
*⅓ Tasse Wasser*

**1**. Die Fleischtasche mit Knoblauch einreiben.

**2**. Salbei, Oregano und Rosmarin gut mit den Brotkrumen mischen. Mit Olivenöl etwas anfeuchten. Nicht zu feucht, weil die Mischung sonst beim Kochen aus der Fleischtasche fällt. Etwas von der Mischung in die Taschen füllen.

**3**. Dann je ein Viertel der Oliven in die Taschen füllen. Zuletzt Brotkrumen in die Taschen geben und sie mittels zweier Zahnstocher schließen. Das Fleisch salzen und pfeffern.

**4**. Zwei Eßlöffel Olivenöl in einer Kasserolle erhitzen und das Fleisch von beiden Seiten anbraten. Wenn das Öl aufgebraucht sein sollte, noch etwas nachgießen. Die Kasserolle nun mit einem Deckel verschließen und bei 180 Grad 45 Minuten lang braten lassen. Regelmäßig prüfen, ob das Fleisch schon gar ist.

**5**. Das Fleisch herausnehmen und auf einer Warmhalteplatte beiseite stellen. Die Kasserolle bei mittlerer Hitze auf dem Herd lassen und nun Balsamico-Essig in den Bratensaft geben und aufkochen lassen, bis sich Saft und Essig verbunden haben. Wenn die Sauce etwas zu stark nach Essig schmeckt, einfach noch etwas Wasser hinzugeben. Mit einem grünen Salat und einem Glas Rotwein servieren.

# Bad Boy Beef Tacos

*Die verschiedenen Garnierungen machen aus jedem Taco ein neues Erlebnis. Jeder ist sein eigener Koch – Phantasie ist gefragt.*

Für zwei Biker

ZUTATEN

*Öl zum Braten*
*Eine gehackte Zwiebel*
*Drei Knoblauchzehen, fein gehackt*
*Ein Pfund Rinderhack*
*Ein Teelöffel Cayennepfeffer*
*Ein Teelöffel Oregano*
*Ein Teelöffel Kümmel*
*Ein Teelöffel Chilipulver*
*Salz und Pfeffer*
*Acht Mais-Tortillas oder Tacos*

GARNIERUNGEN

*Gehackter Salat*
*Gemahlener Hartkäse*
*Gehackte Chilischoten*
*Gehackter Schnittlauch*
*Taco-Sauce*
*Guacamole*
*Saure Sahne*

**1**. Zwiebel in einer großen Pfanne fünf Minuten lang anbraten. Danach Fleisch und Knoblauch hinzugeben und einige Minuten braten. Gewürze, Kräuter, Salz und Pfeffer hinzugeben und braten lassen, bis das Fleisch durch ist. Das Fett abgießen und warm stellen.

**2**. Wenn man Tortillas verwendet, in Alufolie in einem Ofen bei geringer Temperatur backen, bis sie weich sind.

**3**. Die Fleischmischung in die Tortillas geben und mit den oben angeführten Zutaten verfeinern. Dabei darauf achten, daß man zuerst die trockenen Zutaten und dann die „nassen" auf die Tortilla gibt. Zusammenrollen und essen. Nicht überladen, sonst fällt alles auseinander.

**4**. Bis auf das Zusammenrollen gelten die Anweisungen auch für Tacos.

**5**. Als Beilage bieten sich aufgewärmte Bohnen und ein kaltes Bier an.

„Mein Lieblingsfest ist der 4. Juli, wenn wir unseren Grillabend veranstalten. Die Biker kommen schon am Tag zuvor und wir bereiten alles vor. Am 4. machen wir dann unsere Kunststücke mit den Bikes, essen und schießen ein Feuerwerk in die Luft. Mann, haben wir eine schöne Zeit."

Prewitt Cadwallader, Tennessee

# Louise Washington's Best Chili

## (& noch bessere Chili & Beans)

*Dies ist die Kombination zweier Mahlzeiten – Fleisch und Bohnen. Das Fleisch kann man für sich essen, es schmeckt aber noch besser mit den Bohnen von Seite 50.*

ZUTATEN

*Drei Eßlöffel Öl*
*Zwei große feingehackte Zwiebeln*
*Eine große, in Scheiben geschnittene grüne Paprikaschote*
*Ein bis zwei feingehackte Knoblauchzehen*
*Zwei Pfund Rinderhack*
*Ein Eßlöffel Mehl*
*Zwei feingehackte Selleriestauden*
*Eine große Dose Tomaten*
*Eine Dose Tomatensauce*
*1½ Tassen Wasser*
*¼ Tasse Chilipulver (oder mehr, ganz nach Geschmack)*
*Ein Teelöffel Kümmel*
*Ein Eßlöffel Zucker*
*Salz und Pfeffer*

**1.** Öl in einer Pfanne erhitzen und Zwiebeln, Paprikaschote und Knoblauch langsam anbraten. Rinderhack und Mehl mischen, in die Pfanne geben und scharf anbraten.

**2.** Mit Salz und Pfeffer und den anderen Zutaten nach Geschmack würzen. Die Pfanne zudecken und 30 Minuten bei mittlerer Hitze braten lassen. Umrühren.

**3.** Mit Chilischoten und gehacktem Käse bestreuen und mit gebratenen Tortillas und kaltem Bier servieren.

**4.** Das Chili schmeckt noch besser mit den Good Old Boy's Barbecued Beans von Seite 50. Das Ganze gart dann 1½ Stunden. Ein und wieder umrühren und bei Bedarf Wasser hinzugeben.

# Ricki Sue's Beef Barbecue

*Dieses Barbecue ist zwar etwas aufwendig, aber es lohnt sich. Das Geheimnis ist die Pickapeppa-Sauce aus Jamaika, die es in Spezialitätengeschäften zu kaufen gibt.*

Für vier bis fünf Biker

ZUTATEN

*Ein Rinderfilet (ungefähr drei Pfund)*
*Zwei Eßlöffel klein gehackter Knoblauch*
*Salz und Pfeffer*
*Fünf bis sechs Eßlöffel Pickapeppa Sauce*
*Fünf Eßlöffel Zucker*
*Geschmolzene Butter*
*Gehackte Petersilie zum Garnieren*

*SAUCE*

*Drei Eßlöffel Sherry (trocken)*
*Drei Eßlöffel geschmolzene Butter*
*Drei Eßlöffel Pickapeppa-Sauce*

**1**. Das Fett vom Fleisch entfernen und das Fleisch abtupfen. Danach mit Knoblauch, Salz, Pfeffer und der Pickapeppa-Sauce einreiben. 15 Minuten lang liegen lassen. Dann mit Zucker einreiben.

**2**. Bei hoher Temperatur nach Geschmack 20 bis 30 Minuten lang braten. Der Zucker verbrennt und schließt den Saft im Fleisch ein. Während des Bratens mit geschmolzener Butter bestreichen.

**3**. Danach fünf Minuten auf eine Warmhalteplatte stellen.

**4**. In der Zwischenzeit den Sherry, die geschmolzene Butter und die Pickapeppa-Sauce in einer Schüssel nach den individuellen Geschmacksrichtungen mischen. Langsam erhitzen und den Bratensaft zugeben.

**5**. Das Fleisch portionieren und die erhitzte Sauce darüber gießen. Mit der geschnittenen Petersilie garnieren. Als Beilage eignen sich Baguette, Kartoffeln, ein grüner Salat und ein herzhafter Rotwein.

# Nicole's Nostalgia Lasagne

*Diese Version stammt von der Mutter eines Freundes. Ein besseres Rezept kenne ich nicht.*

Für sechs Biker

ZUTATEN

*Eine Dose Tomatenmark*
*Drei Tassen Tomaten (aus der Dose)*
*Ein Teelöffel Salz*
*Ein Teelöffel frisch gehacktes Basilikum*
*Ein Teelöffel Zucker*
*Zwei Lorbeerblätter*
*Zwei Tassen Wasser*
*Zwei fein gehackte Knoblauchzehen*
*Zwei Eßlöffel Olivenöl*
*Ein Pfund fein geschnittene italienische Wurst*
*Ein Teelöffel Oregano*
*Ein Pfund Lasagne-Nudeln*
*Eine Tasse Parmesan-Käse*

*KÄSEMISCHUNG*

*2½ Pfund Ricotta*
*Ein Ei*
*Drei Eßlöffel Zucker*
*½ Teelöffel Salz*

**1**. Tomatenmark, Tomaten nebst Saft, Salz, Basilikum, Zucker, Lorbeerblättern und Wasser 2½ Stunden köcheln lassen.

**2**. Knoblauch im Olivenöl anbraten. Wurst und Oregano hinzugeben. In die Tomatensauce rühren und weiter köcheln lassen.

**3**. Die Pasta kochen und abtropfen.

**4**. Für die Käsemischung Ricotta, Ei, Zucker und Salz gut mischen.

**5**. Den Boden einer Kasserolle mit einem Drittel des Parmesankäses auslegen. Darüber eine Schicht mit der Hälfte der Tomatensauce, eine mit der Hälfte der Pasta und eine mit der halben Käsemischung geben. Dies wiederholen und am Ende den Rest des Parmesans auf der obersten Schicht verteilen. Im Ofen bei 200 Grad 20 bis 25 Minuten überbacken. Mit einem grünen Salat und einem herzhaften Rotwein servieren.

„Ein gutes Barbecue hängt von einigen wichtigen Faktoren ab: Dem Brennmaterial, der Hitze, die die Kohlen entwickeln, und der Entfernung zwischen Fleisch und Kohlen.
Die meisten Familien benutzen Holzkohlebriketts, doch ein echtes Barbecue benötigt richtiges Holz wie Eiche und Walnuß, wenn man Wert auf Aroma legt. Es dauert zwar länger, aber das Ergebnis ist es wert. Man sollte aber einen Wassersprüher nicht vergessen, um die Flammen, die vom heruntertropfenden Fett verursacht werden, zu löschen."

Mike Wisnewski, Kentuck

# MARTY'S BREWHOUSE BRISKET

*Bruststücke können trocken sein, aber diese Variante ist zart und das Bier gibt ihnen einen köstlichen Geschmack.*

JE NACH GRÖSSE DES BRUSTSTÜCKS FÜR BIS ZU SECHS BIKER

ZUTATEN

*Zwei gepreßte Knoblauchzehen*
*Ein großes Rinderbruststück ohne Fett (mindestens drei bis vier Pfund)*
*Eine große, in Scheiben geschnittene Zwiebel*
*Fünf Selleriestauden*
*½ Paprikaschote, grüne oder rote, in Scheiben geschnitten*
*Eine mittlere Flasche Chilisauce*
*Salz und Pfeffer*
*Eine Flasche Bier (0,3 Liter)*
*Sechs in Scheiben geschnittene Karotten*
*Vier große, in acht gleich große Stücke geschnittene Kartoffeln*
*½ Pfund Champignons (ganze)*

**1**. Das Fleisch mit Knoblauch bestreichen.

**2**. Das Fleisch in eine Kasserolle legen und die Zwiebel, Sellerie und Paprika mit hineingeben. Die Chilisauce über das Fleisch gießen und ein bißchen Wasser beigeben. Mit Salz und Pfeffer nach eigenem Geschmack würzen.

**3**. Bei 200 Grad braten bis das Fleisch braun ist (ungefähr 30 Minuten). Die Kasserolle abdecken und bei 150 Grad drei Stunden weiter kochen lassen, bis es fast zart ist.

**4**. Nun die Karotten, das Bier, Kartoffeln und Pilze hinzugeben. Die Kasserolle wieder abdecken und eine weitere Stunde kochen lassen.

**5**. Das Fleisch portionieren und Karotten, Kartoffeln und Pilzen beilegen. Die in der Kasserolle verbliebene Flüssigkeit über das Fleisch gießen. Mit Baguette, einem grünen Salat und einem kalten Bier servieren.

PROUD TO BE YOUR BUD.
Budweiser
ICE COLD BUD.
BUD LIGHT!
WELCOME TO
ABE'S BAR
CASEY-LUNA
GOVERNOR
Leadership . . . For a Change
CARMEN
MEDINA
TAOS COUNTY
CLERK
ORLANDO
SANTISTEVAN
FOR STATE REP.
Corona Extra
Budweiser

# GEFLÜGEL

Hähnchen und Truthahn sind traditionelle Gerichte auf amerikanischen Speisekarten. Gleichgültig, wie man sein Geflügel am liebsten ißt, ob gebraten, gegrillt oder gebacken, die Zutaten gibt es an jeder Straßenecke.

Die folgenden Rezepte stammen aus Gegenden der USA, wo ein gut zubereiteter „Vogel" fast schon religiösen Charakter hat. Es gibt wirklich Plätze in Kentucky, wo man nicht zwischen ein Hähnchen und seinen Esser geraten sollte. Allerdings, wenn man nett fragt, wird er es natürlich mit dem Fremden teilen.

Ruhig mit den Händen essen!

## AUF DER SPEISEKARTE

Sara Liz's Garlic & Honey Chicken

Sweet Jean's BBQ Chicken Wings

Blue Bayon Fried Chicken

Down Home Deep-Fried Turkey

# Sara Liz's Garlic & Honey Chicken

*Ebenso leicht zuzubereiten wie schmackhaft.*

Für zwei bis drei Biker

ZUTATEN

*Salz*
*Zehn Hähnchenteile; Schenkel und Keulen*
*Sechs gehackte Knoblauchzehen*
*6 Eßlöffel Honig*
*Geschnittener Schnittlauch zum Garnieren*

**1**. Die Hähnchenteile salzen und mit Knoblauch einreiben. 15 Minuten ziehen lassen.

**2**. Die Schenkel und Keulen in eine ausreichend große Pfanne legen und bei 200 Grad ungefähr 20 Minuten lang braten.

**3**. Alle Flüssigkeit, mit Ausnahme des Knoblauchs, aus der Pfanne entfernen. Den Honig großzügig über das Fleisch verteilen.

**4**. 20 weitere Minuten braten, bis die Hähnchen knusprig braun sind. Auf einer vorgewärmten Platte servieren und mit Schnittlauch garnieren. Mit Kartoffelpüree und grünen Buttererbsen servieren.

„Wir fuhren einmal nach New Orleans und probierten so viele Barbecue-Gerichte wie möglich. Das war ein toller Trip.

Wir trafen einige wirklich interessante Leute und haben ganz tolle Schweine- und Rindspezialitäten gekostet. Einige Leute haben uns bereitwillig ihre Rezepte gegeben, andere meinten, es sei ein Familiengeheimnis. Es gibt viele verschiedene Barbecue-Saucen und es hat Spaß gemacht, so viele wie möglich zu probieren."

Buster Campbell, Illinois

# Sweet Jean's BBQ Chicken Wings

*Sie sind weniger feurig als Billy's Buffalo Wings (Seite 25) und eignen sich auch eher als Hauptgericht.*

Für zwei Biker

## Zutaten

*Zwölf Hähnchenflügel*

### Sauce

*Ein Teelöffel Senf*
*Ein Teelöffel Wasser*
*Eine Dose Tomatensauce*
*Vier Eßlöffel Ahornsirup*
*Ein Teelöffel Worcestershiresauce*
*Zwei Eßlöffel brauner Zucker*
*Ein Eßlöffel Zitronensaft*

**1**. Zuerst die Sauce zubereiten. Den Senf in eine Schüssel geben und mit dem Wasser auflösen. Die anderen Zutaten hinzugeben, mischen und erwärmen. Danach 15 Minuten ziehen lassen.

**2**. Die Flügel in die Schüssel legen und mit der Sauce bestreichen. Eine Stunde lang ziehen lassen.

**3**. Die Flügel aus der Marinade holen und auf einem Grill mit dem Knochen nach oben plazieren. Bei geringer Hitze braten. Wenn sie braun sind, umdrehen, mit der Sauce bestreichen und braten bis sie knusprig sind.

**4**. Die restliche Marinade aufkochen und servieren. Mit Krautsalat und Knoblauchbrot servieren.

# Blue Bayou Fried Chicken

*Die Kruste ist dank der Gewürze interessanter als bei anderen Rezepten.*

Für drei bis vier Biker

ZUTATEN

*Eine Tasse Mehl*
*½ Teelöffel Selleriesalz*
*½ Teelöffel Pfeffer*
*½ Teelöffel Knoblauchpulver*
*½ Teelöffel Paprika*
*¼ Teelöffel Cayennepfeffer*
*Ein Hähnchen, ungefähr drei Pfund, ohne Keulen*
*Öl fürs Braten*
*Eine Tasse Milch*

**1**. Mehl und Gewürze in einer Papiertüte mischen. Die Hähnchenteile gut trocknen und in die Tüte geben. Gut schütteln und einmehlen. Die eingemehlten Stücke herausnehmen und die anderen hineingeben.

**2**. In eine Pfanne mit Deckel ungefähr drei Zentimeter Öl hineingeben und erhitzen, aber nicht qualmen lassen. Hähnchenteile hineingeben, abdecken und braten, bis sie braun sind (ungefähr acht Minuten).

**3**. Nun die Stücke wenden und diese Seite anbraten. Die Temperatur verringern und weitere fünf bis zehn Minuten braten lassen. Mit einem Schaumlöffel herausnehmen und auf eine Warmhalteplatte legen. Die restlichen Stücke genauso braten.

**4**. Einen großen Teil des Öls aus der Pfanne gießen und wieder auf den Herd stellen. Milch hineingießen und rühren. Dabei die Bratenreste vom Boden kratzen. Wer will, kann noch einen Spritzer einer scharfen Sauce hinzugeben. Wenn es zu mehlig aussieht, etwas mehr Milch hineingießen. Kurz vor dem Kochen in eine Sauciere füllen und neben das Hähnchen gießen, nicht darüber. Als Beilagen bieten sich Kartoffelbrei, Biscuits und Honig sowie Eistee an.

„Wir mögen einen guten Vogel. Ehrlich. Meistens Hähnchen oder Truthahn, aber auch hin und wieder einen Fasan. Es ist erstaunlich, wie viele Arten es gibt, Geflügel zu kochen, und man kann auch fast jedes Gewürz verwenden. Viele der besten Rezepte kommen aus dem Süden, aber es gibt auch gute asiatische und mexikanische Rezepte. Und dann erst die vielen verschiedenen Sandwiches."

Irv Weissberg, New Jersey

# DOWN HOME DEEP-FRIED TURKEY

*Dies ist ein sensationelles Rezept, mit dem man dem langweiligen Truthahn einen besonderen Geschmack zufügen kann. Das schwarze und das weiße Fleisch schmecken völlig unterschiedlich. Das viele Öl kann man kühlstellen und wiederverwenden, wenn man will.*

FÜR SECHS BIS ACHT BIKER

ZUTATEN

*Ein kleiner Truthahn*
*Salz*
*Drei Eßlöffel gepreßten Knoblauch*
*McCormick Gewürzmischung**
*Zwei bis drei Eßlöffel gehackte rote Peperoni*
*Ungefähr acht Tassen Öl fürs Braten*

**1** Den Truthahn trocknen und mit Salz einreiben. Dann den Knoblauch, die Gewürzmischung und die Peperoni ins Öl geben. Der Topf muß groß genug für den Truthahn sein. Das Öl langsam zum Kochen bringen. Langsam den Truthahn mit der Brust zuerst ins kochende Öl geben. Wenn das Öl nicht den gesamten Vogel bedeckt, noch Öl zugeben.

**2** Das Öl am Kochen halten. Die Haut wird braun. Nach ungefähr einer Stunde kontrollieren, ob der Truthahn gar ist. Wenn ein Bein leicht vom Rest des Körpers gezogen werden kann, ist der Truthahn gar.

**3** Den Truthahn langsam aus dem Öl holen und dann gründlich abtrocknen. Auf einer Warmhalteplatte ungefähr zehn Minuten lang abkühlen lassen. Am besten mit kandierten Süßkartoffeln und Cranberry-Sauce servieren.

***PS.** Die Gewürzmischung besteht aus Senfsamen, Koriander, rotem Paprika, Lorbeerblättern und Dill.

Rico's
CAFE
Mexican & Seafood

# FISCH & KRUSTENTIERE

Meeresfrüchte haben einen guten Ruf, weil sie uns mit Eiweiß versorgen. Sie sollten in keiner ausgeglichenen Ernährung fehlen.

## AUF DER SPEISEKARTE

*Crab & Shrimp Au Gratin*

*Sal Calamari's Seafood Salad*

*Bubba's Original BBQ Shrimp*

*Bike Club Soda Fried Fish*

# Crab & Shrimp Au Gratin

*Dieses Gericht kann mit Krabben oder Garnelen zubereitet werden. Am besten ist eine Kombination beider Zutaten.*

Für zwei Biker

ZUTATEN

*¼ Tasse Butter*
*Ein oder zwei Teelöffel Mehl*
*Eine Tasse Sahne*
*Zwei grüne, geschnittene Zwiebeln*
*Eine Tasse geriebener, scharfer Cheddarkäse*
*½ Teelöffel Zucker*
*Ein Teelöffel Worcestershiresauce*
*Salz und weißer Pfeffer*
*Einige Spritzer Tabasco*
*½ Pfund Krabbenfleisch*
*½ Pfund geschälte Garnelen*
*Zwei Eßlöffel Brotkrümel*
*Gehackte Petersilie*

**1**. Butter schmelzen und langsam das Mehl hinzugeben und mit der Butter bei niedriger Temperatur vermengen. Danach langsam die Sahne und alle anderen Zutaten mit Ausnahme der Krabben, Garnelen, Brotkrümel und der Petersilie unterrühren. Zwei bis drei Minuten auf niedriger Flamme köcheln lassen.

**2**. Zusammen mit den Krabben und Garnelen in eine Auflaufform geben und bei 180 Grad 15 Minuten lang im Ofen lassen. Vorher noch die Brotkrümel verteilen.

**3**. Mit Petersilie garnieren und auf Toast, zusammen mit Salat servieren. Als Getränk empfiehlt sich ein gut gekühlter Weißwein.

# SAL CALAMARI'S SEAFOOD SALAD

*Schnell zuzubereiten und mit der Senfmayonnaise ein erfrischendes Sommergericht. Als Meeresfrüchte eignen sich Hummer, Krabben oder Garnelen oder alle drei zusammen.*

FÜR ZWEI BIS DREI BIKER

ZUTATEN

*Ein Pfund Krustentiere*
*Eine Scheibe Zitrone*
*Drei geschnittene Selleriestauden*
*$^{3}/_{4}$ Tasse Senf-Mayo (Seite 65)*
*Etwas Paprika*
*Petersilie zum Garnieren*

**1.** Die Krustentiere in eine Schüssel legen und mit einem Spritzer Zitrone beträufeln. Den Sellerie und die Senf-Mayo hinzugeben und gut mischen. Dann für eine Stunde in den Kühlschrank stellen.

**2.** Zum Servieren mit Paprika abrunden und mit Petersilie garnieren. Als Beilage eignen sich Pommes Frites, als Getränk ein kaltes Bier.

„Das Wichtigste beim Kochen ist nicht nur die richtige Kombination der Zutaten, sondern den Punkt zu finden, an dem das Essen gar ist. Wenn es noch nicht gar ist, ist es genauso schlimm, als wenn es zu lange auf dem Ofen gestanden hat.

Das gilt für Fleisch genauso wie für Meeresfrüchte, Geflügel und Gemüse. Das Problem sind die unterschiedlichen Geschmäcker. Die meisten Zeitgenossen haben ihren Geschmack in der Kindheit mit Mutters Küche angenommen, dabei hat jedes Gericht seinen eigenen individuellen Punkt, an dem es optimal gelungen ist."

Bernard Grossman, Vermont

# Bubba's Original BBQ Shrimp

*Dies ist ein großartiges Gericht aus einem „geheimen Kochbuch" aus New Orleans. Am besten schmeckt es, wenn die Garnelen samt Köpfen gekocht werden. So bekommt es seinen eigenen Geschmack.*

Für zwei bis drei Biker

ZUTATEN

*²/₃ Tasse Öl*
*¹/₃ Tasse Butter*
*Ein Eßlöffel „Crab Boil"-Gewürz oder ähnliches*
*Eine Zitrone, Saft und Schale*
*Eine Prise Zucker*
*Eine Prise Salz*
*Ein Pfund rohe Garnelen samt Köpfen*
*Halbierte Zitronen und Petersilie zum Garnieren*

**1**. Öl, Butter, „Crab Boil", Zitronensaft und -schale und Zucker in einer Pfanne köcheln lassen.

**2**. Die Garnelen in einer Pfanne mit der Sauce übergießen, jedoch die Garnelen dabei nicht „ertränken".

**3**. Fünf Minuten lang bei mittlerer Hitze kochen lassen, bis die Garnelen rosa sind. Dann die Garnelen wenden.

**4**. Die Garnelen in Suppentassen legen und mit der Sauce übergießen, mit Zitrone und Petersilie garnieren und mit einem Baguette und Salat servieren. Ein kaltes Bier rundet die Mahlzeit ab.

**PS.** „Crab Boil" ist ein flüssiges Gewürz für Krustentiere. Wenn man es nicht bekommen kann, tut es auch ein anderes entsprechendes Gewürz für Meeresfrüchte.

> „Wenn wir unterwegs sind, nehmen wir nicht viel mit. Meistens, wenn wir zelten, kaufen wir in der nächsten Stadt ein. Mein Mann hat seine Angel dabei und fängt schon mal eine Forelle, die wir dann frisch am Lagerfeuer essen. So haben wir schon großartige Mahlzeiten erlebt."
>
> Jackie Ashbaugh, Minnesota

# Bike Club Soda Fried Fish

*Der Sprudel macht aus diesem gebratenen Fisch etwas ganz Besonderes. Das Gericht kann man mit jedem weißen Fisch zubereiten, aber Kabeljau eignet sich am besten. Wenn man Fisch aus der Tiefkühltruhe nimmt, sollte man sicher gehen, daß der Fisch vollkommen aufgetaut ist.*

Für zwei Biker

ZUTATEN

*Drei bis vier Fischfilets (ungefähr ein Pfund)*
*Drei Eßlöffel Mehl zum Einreiben*
*Öl zum Braten*
*Sechs Eßlöffel Maisstärke*
*Ungefähr eine Tasse Sprudelwasser (kein stilles Wasser)*
*½ Teelöffel Cayenne-Pfeffer*
*½ Teelöffel Pfeffer*
*½ Teelöffel Salz*
*½ Teelöffel Zwiebelpulver*
*½ Teelöffel Knoblauchpulver*
*¼ Teelöffel Oregano*
*¼ Teelöffel Thymian*
*Gehackte Petersilie zum Garnieren*
*½ Tasse Orangenmarmelade*
*½ Tasse Meerrettich*

1. Den Fisch gründlich waschen und mit Küchenpapier trocken tupfen. Dann im Mehl wenden, zur Seite legen und das Öl in einer Pfanne erhitzen.

2. Den Fritierteig zubereiten: In einer Schale die Maisstärke mit dem Sprudelwasser mischen und danach die Gewürze, Salz und Kräuter hinzugeben.

3. Die eingemehlten Filets in dem Teig wälzen und danach braten, bis sie leicht braun sind. Auf eine Warmhalteplatte legen. Mit der Petersilie und den angebratenen Fettresten aus der Pfanne garnieren.

4. Mit einer Sauce aus Orangenmarmelade und Meerrettich und einem grünen Salat servieren.

HELLO
Budweiser
Miller
Genuine Draft
COLD-FILTERED
EXTRA

# GEMÜSE & SALATE

Gemüse bietet eine derartige Vielfalt an Geschmacksrichtungen, daß man die Zeitgenossen, die sich nicht an „Grünzeug“ heranwagen, ernsthaft bedauern muß. Natürlich kann man auch aus Gemüse eine Mahlzeit zaubern, doch am besten schmeckt es immer noch als Beilage zu Fleisch und Geflügel. Frisches Gemüse kann die Hauptmahlzeit auf reizvolle Art und Weise verfeinern und macht sich auch gut in der Resteverwertung.

## AUF DER SPEISEKARTE

Good Old Boys' Barbecued Beans

Mark's Macaroni & Cheese

Dave's Deluxe Potato Salad

Dial 911 Mashed Potatoes

Robyn's Spicy Fried Okra

Mean Green Bean Casserole

Spuds Rodriguez' Hot Potato

# GOOD OLD BOY'S BARBECUED BEANS

*Diese Bohnen kann man als Einzelgericht essen, sie schmecken aber auch hervorragend mit Louise's Chili (Seite 33) oder mit gekochtem Reis.*

FÜR VIER BIKER

<u>ZUTATEN</u>

*Ein Pfund rote Kidney-Bohnen (über Nacht in Wasser einlegen) – Sie können auch Bohnen aus der Konserve verwenden, sie schmecken aber nicht so gut.*
*Drei Eßlöffel Schmalz*
*Eine feingehackte, große gelbe Zwiebel*
*Eine feingehackte, große grüne Paprikaschote*
*Zwei große feingehackte Knoblauchzehen*
*Eine Schinkenhaxe mit etwas Fleisch*
*Ein Lorbeerblatt*
*Eine Prise Thymian*
*Ein Spritzer Tabasco*
*Eine Prise Salz*
*4½ Tassen Wasser*
*Drei Eßlöffel gehackte Petersilie*

**1**. Die Bohnen trocknen. In einem Topf den Schmalz schmelzen und Zwiebel, Paprika und Knoblauch drei bis vier Minuten anbraten. Dann die Bohnen und die anderen Zutaten ohne die Petersilie zugeben.

**2**. Zehn Minuten lang aufkochen. Bei niedrigerer Temperatur vier Stunden lang kochen lassen. Hin und wieder umrühren.

**3**. Nach dem Kochen die Petersilie hinzugeben und langsam abkühlen lassen.

„Man kann ungeheuer viel mit Bohnen anstellen. Im Mittleren Westen haben wir immer Bohnen als Beilage gehabt. Aber hier im Westen gibt es Bohnen in allen nur erdenklichen Kombinationen. Dies ist übrigens eine gute Art und Weise, Protein zu sich zu nehmen, ohne viel Fleisch zu essen. Und außerdem bekommt man noch Vitamine und Kohlehydrate. Und: Schwarze Bohnen und Reis helfen auch hervorragend gegen Melancholie."

Morgan Stolwicz, Kalifornien

# Mark's Macaroni & Cheese

*Am besten eignen sich Nudeln mit einem großen Durchmesser, damit sie die Sauce aufnehmen können.*

Für vier Biker als Beilage

ZUTATEN

*½ Pfund Nudeln (Rigatoni, Penne oder ähnliches)*
*½ Packung Butter*
*Drei Eßlöffel Mehl*
*Eine Tasse Milch*
*Ein Teelöffel Knoblauch*
*Ein Eßlöffel Dijon-Senf*
*½ Tasse gemahlener scharfer Cheddar*
*½ Tasse geriebener Gruyère oder Emmentaler*

**1**. Die Nudeln „al dente" kochen.

**2**. In einem Topf über kleiner Hitze die Butter schmelzen und danach das Mehl unter Rühren hinzugeben. Danach langsam unter Rühren die Milch hineingießen. Knoblauch und den Senf unter Rühren hinzugeben. Dann den Käse hineingeben und solange rühren, bis sich eine dicke Sauce gebildet hat.

**3**. Die gekochten Nudeln in eine Kasserolle geben und die Sauce darauf verteilen. Bei 200 Grad ungefähr 15 Minuten lang im Ofen lassen, bis sich eine braune Haut gebildet hat. Das Gericht eignet sich als Beilage zu gegrilltem Schweinefleisch oder Würstchen. Wenn man will, kann man die Wirkung noch durch einen Spritzer Tabasco in der Sauce verstärken.

# Dave's Deluxe Potato Salad

*Kartoffelsalat mit einer Knoblauchmayonnaise eignet sich als Beilage für Fleisch und Geflügel.*

Für vier Biker

ZUTATEN

*Eine Tasse Mayonnaise*
*Drei feingehackte Knoblauchzehen*
*½ Tasse Zitronensaft*
*Pellkartoffeln*
*½ Tasse dünn geschnittener Staudensellerie*
*½ Tasse fein geschnittene Frühlingszwiebeln*
*Salz und Pfeffer*

**1**. Mayo, Knoblauch und Zitronensaft in einem Mixer ungefähr 30 Sekunden lang mixen und dann 15 Minuten ziehen lassen.

**2**. Die Knoblauchmayonnaise über die Kartoffeln, Sellerie und Zwiebeln geben. Nach Geschmack salzen und pfeffern. Paßt zu Hähnchen, Rippchen und gegrillten Würstchen.

**PS.** Wer es etwas Würziger mag, kann die Mayo mit einem Teelöffel frischem Chili aufpeppen.

# Dial 911 Mashed Potatoes

*Dieser Kartoffelbrei ist so sättigend, daß man sich eigentlich nur etwas gekochtes Fleisch oder gekochten Fisch als Beilage wünscht.*

Für vier Biker

ZUTATEN

*Zwei Pfund Kartoffeln*
*½ Tasse Crème fraîche*
*Sechs Eßlöffel geschmolzene Butter*
*Cayenne-Pfeffer*
*Salz und schwarzer Pfeffer*
*Frisch gehackte Petersilie zum Garnieren*

**1**. Die Kartoffeln schälen und weich kochen.

**2**. Während die Kartoffeln kochen, die Sahne langsam erhitzen. Die garen Kartoffeln abgießen und in eine Pfanne bei niedriger Hitze geben. Die Kartoffeln mit einem Stampfer zerstampfen. Küchenmaschinen eignen sich nicht.

**3**. Nun die geschmolzene Butter und danach die Sahne langsam in den Brei geben und gut mischen. Rühren, bis der Brei cremig ist und dann mit einer Prise Cayenne-Pfeffer sowie Salz und Pfeffer würzen. Mit der Petersilie garnieren.

**PS.** Dieses Gericht benötigt viel Salz.

„Man muß wissen, daß Kartoffeln im Ofen explodieren können. Ich wußte nicht, daß man sie anstechen muß, bevor man sie backt. Das Reinigen des Ofens war ganz schön anstrengend.

Doch es ist wunderbar, was man mit Kartoffeln alles anstellen kann. Man kann sie mit Gemüse, mit Fleisch und Käse zubereiten. Mein Mann liebt seine mit Chili und Zwiebeln. Ich kombiniere gerne mit Broccoli, Käse und Speck. Leicht zuzubereiten und eine vollständige Mahlzeit."

Tamara Shannon, Texas

# Robyn's Spicy Fried Okra

*Knusprig wie Popcorn, scharf und mit einem Geschmack von gebratenen Austern – einfach großartig!*

Für zwei Biker

ZUTATEN

*Ein Pfund frischer Okra (gibt es in jedem größeren Supermarkt)*
*Salz*
*Zwei Eßlöffel „Tony Chacheres Cajun Spice Louisina Seasoning", „Old Bay Seasoning" oder „Lawrys Season Salt"*
*Zwei geschlagene, mittelgroße Eier*
*½ Tasse Öl*

**1**. Die Okra zurechtschneiden und in Scheiben schneiden. In ein Sieb legen und salzen. Zehn Minuten lang abtropfen lassen.

**2**. Die Gewürze mit dem geschlagenen Ei mischen, bis man eine dicke, aber geschmeidige Mixtur erhält. Die Okra hineinlegen und 15 Minuten lang ziehen lassen.

**3**. Öl in eine Kasserolle geben und erhitzen. Die Okra-Mixtur noch einmal umrühren, und dann die Stücke herausholen und die Eiermischung abtropfen lassen.

**4**. Die Hälfte der Stücke in das heiße Öl geben und zwei bis drei Minuten braten. Mit einem Schaumlöffel herausholen und auf Papierhandtüchern abtrocknen lassen. Warmhalten und nun die andere Hälfte ins Öl geben. Sofort servieren. Paßt hervorragend zu Meeresfrüchten oder anderen Mayonnaise-Gerichten. Macht sich aber auch gut als Snack.

**PS.** Das Rezept gilt für frische Okra. Ältere kann man in der Mikrowelle erhitzen, um sie zart zu machen. In amerikanischen Supermärkten (gibt es fast in jeder Großstadt) nach der Gewürzmischung fragen!

# Mean Green Bean Casserole

*Ein alter Favorit meiner Mutter, ganz traditionell zubereitet.*
*Paßt zu jedem Fleisch, Fisch oder Geflügel.*

Für sechs Biker

## ZUTATEN

*Zwei Packungen gefrorene grüne Bohnen*
*Eine Tüte geröstete Zwiebelringe*

### *GEMÜSE*

*1/4 Tasse Butter*
*1/2 Tasse geschnittene Zwiebeln*
*Eine Dose Champignonscheiben*
*Eine Dose Kastanien*

### *SAUCE*

*1/4 Tasse Butter*
*1/2 Tasse Mehl*
*Ein Teelöffel Salz*
*1/2 Teelöffel Pfeffer*
*1 1/4 Tassen Milch*
*Zwei Tassen gemahlener Cheddarkäse*
*Zwei Eßlöffel Sojasauce*
*1/4 Teelöffel Tabasco*

**1**. Für die Gemüsemischung die Butter schmelzen und die Zwiebeln, Pilze und Kastanien fünf Minuten anbraten. Zur Seite stellen.

**2**. Für die Sauce die Butter schmelzen, Mehl, Salz und Pfeffer hinzugeben und drei Minuten lang kochen, aber nicht braun werden lassen. Den Topf von der Kochplatte nehmen und unter Rühren die Milch hineingießen. Wieder auf die Kochplatte stellen und rühren, bis sich die Mixtur verdickt. Den Käse bis auf eine viertel Tasse hineingeben und rühren. Wenn der Käse geschmolzen ist, Salsasauce und Tabasco hineingießen. Zur Seite stellen.

**3**. In einer eingefetteten Backform die halbe Gemüsemischung verteilen, darüber die Hälfte der grünen Bohnen und darüber die halbe Käsesauce geben. Mit den verbleibenden Zutaten ebenso verfahren. Den Käse auf der obersten Schicht verteilen.

**4**. Bei 180 Grad 15 Minuten lang kochen. Die Zwiebeln verteilen und noch mal zehn Minuten im Ofen lassen. Heiß servieren.

„Ich bin kreuz und quer auf meinem Motorrad durch dieses Land gefahren. Ich habe miserabel aber auch hervorragend gegessen. Mit der Zeit weiß man, wo man absteigen kann und wo nicht.

Ich könnte wahrscheinlich ein gutes Buch zusammenstellen mit guten Restaurants, Campingplätzen, Sehenswürdigkeiten und guten Motorradrouten. Ob es dafür einen Verleger gibt?"

Earl Davidson, Wyoming

# Spuds Rodriguez Hot Potato

*Dies ist ein ganz und gar nicht langweiliges Kartoffelgericht. Auch der Schmant bekommt hier eine neue Bedeutung. Die Beilage paßt zu allen Pellkartoffel-Gerichten und eignet sich hervorragend als Snack.*

Für zwei Biker

ZUTATEN

*Eine halbe, in Scheiben geschnittene Peperoni*
*1/2 Tasse Schmant*
*Zwei gebackene Kartoffeln (Mikrowelle ist möglich)*
*1/4 Tasse Salsa oder Taco-Sauce*
*Vier Eßlöffel gemahlener Cheddarkäse*
*Zwei Eßlöffel fein geschnittene Cilantro*

**1**. Die feingeschnittene Peperoni mit dem Schmant vermischen.

**2**. Die gebackenen Kartoffeln horizontal aufschneiden, mit einer Gabel das Innere aufrauhen und ein Eßlöffel Salsa- oder Tacosauce hineingeben. Zwei Eßlöffel Schmant in jede Hälfte geben, danach einen Eßlöffel Käse und schließlich 1/2 Eßlöffel Cilantro. Sofort servieren.

Dirty Harry's
PACKAGE

# SANDWICHES

Ein Hoch dem Sandwich! Kein anderes Gericht verbindet Nahrhaftigkeit, schnelle Zubereitung, leichte Transportierbarkeit und Geschmacksrichtungen, die einem das Wasser im Munde zusammelaufen lassen, so gut wie ein schmackhaftes Sandwich. Für Langstreckenfahrer ist es eine angenehme Pause. Die Fast-Food-Version ist hingegen nicht sonderlich empfehlenswert, denn ein echtes Sandwich dient gleichzeitig dem Körper und der Seele. Daher stellen Motorradfahrer an vielen Tankstellen immer wieder die gleiche Frage: „Wer macht die besten Sandwiches in der Stadt?“

## AUF DER SPEISEKARTE

*The Don's Sausage & Pepper Sandwich*

*Spread It On Hamburgers*

*Da Bears' Hot Dogs*

*Pit Stop Gyros*

*Rich Man's Po'Boy*

*Mario's Meatball Sub*

# MARIO'S MEATBALL SUB

*Egal wie man es nennt – dies ist ein phantastisches Sandwich!*

FÜR ZWEI BIS DREI BIKER

ZUTATEN

*½ Pfund Schweinehack*
*½ Pfund Rinderhack*
*Ein geschlagenes Ei*
*Zwei fein gehackte Knoblauchzehen*
*Parmesankäse, gemahlen*
*Salz und Pfeffer*
*Olivenöl*
*Eine Dose Tomatensauce*
*Ein Teelöffel Oregano*
*Grüne und schwarze, in Scheiben geschnittene Oliven*
*Ein italienisches Brot, längs aufgeschnitten*
*Provolonekäse in Scheiben*
*Italienische geschnittene Peperoni, scharf*

**1**. Rinder- und Schweinehack zusammen mit Ei, Knoblauch, Parmesankäse, Salz und Pfeffer vermischen. Dann Fleischbälle formen und in Olivenöl braun braten. Mit einem Schaumlöffel beiseite legen und warm halten.

**2**. Während die Fleischbälle braten, die Tomatensauce mit dem Oregano und den Oliven leicht erhitzen.

**3**. Das Brot aufschneiden, mit Olivenöl bestreichen und im Ofen bei mittlerer Temperatur aufbacken.

**4**. Die Fleischbälle in das erwärmte Brot legen, darüber die Tomaten-Olivensauce gießen. Den Provolonekäse hinzugeben. Ein Spritzer Olivenöl. Wieder in den Ofen, damit der Käse schmilzt. Zum Schluß Paprika hinzugeben, in Portionen schneiden und zusammen mit einem herzhaften Rotwein genießen.

„Eines meiner Lieblingssandwiches ist der ‚Reuben', der angeblich nach einem Kerl namens Edelman in Jersey benannt wurde. Der hatte einmal den Mund voll, als ihn jemand fragte, wie es ihm schmecke. Er verstand: ‚Wie geht es ihnen?' und antwortete: ‚Real Good', was dank seines vollen Mundes als ‚Reuben' ankam. Interessant – oder?"

Benjamin D. Watson, Pennsylvania

# SPREAD IT ON HAMBURGERS

*Diese Variante unterscheidet sich vom normalen Hamburger dadurch, daß das Hamburger-Brötchen auch gebraten wird.*

FÜR ZWEI BIS DREI BIKER

ZUTATEN

*Ein Pfund mageres Rinderhack*
*½ Tasse Ketchup*
*Zwei Teelöffel Worcestershiresauce*
*Ein Teelöffel Knoblauchsalz*
*Ein Teelöffel Selleriesalz*
*Vier große Hamburger-Brötchen*
*Eine in dünne Scheiben geschnittene Zwiebel*

**1**. Das Rinderhack zusammen mit den Gewürzen so lange kneten, bis ein cremiger Teig entstanden ist. 15 Minuten lang stehen lassen.

**2**. In der Zwischenzeit die Brötchen durchschneiden und toasten. Die Fleischmischung gleichmäßig auf den Brötchen verteilen. Damit die Brötchen nicht verbrennen, sicherstellen, daß die ganze Fläche bestrichen ist.

**3**. Bei mittlerer Hitze unter den Grill stellen und warten, bis die Hamburger durch sind. Selbst wenn man sein Steak ansonsten „medium" liebt, erzielt man hier den besten Geschmack, wenn man die Burger durchgrillt. Danach mit einer Zwiebelscheibe garnieren und mit Kartoffelchips und Pickels servieren.

# DA BEARS' HOT DOGS

*Als Mittagessen oder Snack unschlagbar. Doch ist einer genug?*

FÜR EINEN HOT DOG À LA DA BEAR

ZUTATEN

*Ein Chicago Hot Dog*
*Ein Hot-Dog-Brötchen mit Mohn*
*Eine kleine geschnittene Zwiebel*
*Senf*
*Süße Pickels*
*Eine Scheibe einer Gewürzgurke*
*Eine Peperoni*
*Selleriesalz*

**1**. Das Rezept verlangt nach einem echten Hot Dog und nicht jenen bedauernswerten Exemplaren, die nach nichts schmecken, und im Supermarkt in Vakuumverpackungen angeboten werden. Am besten das größte Exemplar nehmen und in kochendes Wasser legen. Aufkochen lassen und dann die Hitze vermindern. Fünf Minuten im Wasser lassen. Aufpassen, daß die Haut nicht platzt.

**2**. In der Zwischenzeit das Brötchen aufdampfen. Das kann in einer Mikrowelle geschehen (niedrige Stufe).

**3**. Wenn beide fertig sind, das Brötchen aufschneiden und den Hot Dog zusammen mit der gehackten Zwiebel, Senf, Pickels und Paprika hineinlegen. Noch eine oder zwei Prisen Selleriesalz und der Traum ist Wirklichkeit geworden. Als Beilage empfehlen sich Pommes Frites und eine Coke. Man kann auch auf sie verzichten, darf sie aber unter keinen Umständen durch Ketchup ersetzen. In Chicago gilt das als Verbrechen gegen die Natur.

# Rich Man's Po' Boy

*Der Preis der Austern macht dieses Sandwich nicht gerade zum Sonderangebot, aber der Geschmack der gebratenen Austern ist delikat.*

Sättigt einen hungrigen Biker

ZUTATEN

*Neun frische Austern – oder mehr, wenn man es sich leisten kann*
*½ Teelöffel Cayennepfeffer*
*½ Teelöffel weißer Pfeffer*
*½ Teelöffel Salz*
*Öl fürs Braten*
*⅔ Tasse Milch*
*½ Tasse Mehl*

GEWÜRZE

*Ein Baguette längs aufgeschnitten*
*½ Tasse Mayonnaise*
*Tabasco*
*Kopfsalat*
*Süße Gurken zum Garnieren*

**1**. Die Austern waschen und trocknen. Die Gewürze mischen und zum Mehl geben. Die Austern im Öl braten.

**2**. Die Austern in Milch einlegen und danach im Mehl wenden. Braten, bis sie goldbraun sind.

**3**. Währen die Austern braten, das Brot leicht toasten und mit Mayo bestreichen. Ein kleiner Schuß Tabasco schadet nicht.

**4**. Die gebratenen Austern auf dem Brot verteilen und mit dem Salat garnieren. Die Austern sollten auf dem gesamten Brot liegen. Als Garnierung die Gurken nicht vergessen. Als Getränk empfiehlt sich ein kühles Bier.

*„Es gibt keinen Grund, hungrig unterwegs zu sein. Es gibt alle möglichen fertigen Mahlzeiten, die man mitnehmen kann, und in einem kleinen Kühlschrank lassen sich Sandwiches und Getränke gut kühlen. Und außerdem kann man auch Fleisch und Kartoffeln in Alufolie packen und auf dem Auspuff wärmen. Wichtig: In heißen Gegenden das Wasser nicht vergessen. Auszutrocknen macht keinen Spaß."*

Carl Ellison, Arizona

# The Don's Sausage & Pepper Sandwich

*Man kann jede Art von Würstchen für dieses schmackhafte Sandwich verwenden.*

Für ein bis zwei Biker

ZUTATEN

*Eine feingeschnittene grüne Paprikaschote*
*Eine geschnittene Zwiebel*
*Zwei fein gehackte Knoblauchzehen*
*Öl fürs Braten*
*Ein Pfund milde oder gewürzte italienische Bratwurst*
*Ein Glas Rotwein*
*Ein italienisches Brot*
*Parmesankäse (gemahlen)*

**1**. Die Paprikaschote und die Zwiebel fünf Minuten in die Mikrowelle legen (mittlere Hitze). Danach die Flüssigkeit entfernen.

**2**. Die Paprikaschote, Zwiebel und Knoblauch in einer Pfanne braten. Wenn die Zwiebel und der Paprika leicht braun sind, aus der Pfanne holen und warm stellen.

**3**. Die Haut der Wurst mit einer Gabel einstechen und langsam braten, bis sie braun wird. Danach die Wurst aus der Pfanne holen und die „Sauce" zubereiten.

**4**. Die Hitze erhöhen und den Wein in die Pfanne gießen. Die Bratreste mit dem Wein vermischen und aufkochen lassen. Danach die Hitze kleiner stellen und umrühren.

**5**. Das Brot in regelmäßige Stücke schneiden und mit ein oder zwei Würstchen belegen. Darüber das Paprika-Zwiebel-Gemisch, die Sauce und den Parmesankäse verteilen. Mit einem oder zwei Gläsern Rotwein servieren.

# Pit Stop Gyros

*Es ist zwar nicht das Original, aber Reste eignen sich zu einer schmackhaften Imitation. Obwohl Lamm authentischer ist, eignen sich alle anderen Fleischsorten, die sich im Kühlschrank befinden.*

ZUTATEN

*Reste vom Lamm, Schwein, Rind oder sogar Hähnchen oder Truthahn*
*Eine kleine Dose Tomatensauce*
*Tabasco*
*Pitabrot*
*Salz*
*Geschnittene Zwiebeln*
*Geschnittener Kopfsalat oder Kohl*
*Peperonis*

**1**. Das Fleisch in kleine Streifen schneiden. In der Mikrowelle oder im Ofen aufwärmen.

**2**. Die Tomatensauce in der Mikrowelle oder auf dem Ofen erwärmen. Ein paar Spritzer Tabasco. In der Zwischenzeit das Pitabrot in der Mikrowelle erhitzen, bis es sich wie ein Ballon aufbläst.

**3**. Das Brot aufschneiden und mit Fleisch, Salz, Sauce, einigen Zwiebeln, Salat oder Kohl füllen. Dann noch ein bißchen mehr Sauce und einige Paprika hinzugeben. Nicht zuviel hineinlegen, weil das Brot sonst aufweicht. Ein Glas Rotwein oder Bier ist ein passendes Getränk.

„Bei uns machen viele Motorradrennfahrer Station und essen, bevor sie auf die Rennstrecke gehen. Sie sind sehr angenehm und haben einen guten Appetit.

Einigen von ihnen geht es sehr gut. Sie kommen in großen Transportern mit den Namen der Sponsoren auf der Seite. Eigentlich sollte doch eine Restaurantkette die Jungs finanzieren. Schließlich kommen sie viel herum, und die Kids vergöttern sie. Und die meisten sind einfach gut erzogene junge Männer."

Ailene Graham, Florida

Coca-Cola
WORLD FAMOUS ROAD KILL CAFE
OPEN
ICE COLD
BEER
WANT A TATTOO
INQUIRE HERE FOR INFORMATION APPOINTMENTS
END OF THE TRAIL CAMPGROUND
I SURVIVED STURGIS '94
WORLD FAMOUS
AVON

# DRESSINGS
## SAUCEN & MARINADEN

Die Bedeutung von Dressings und Saucen wird oftmals vergessen, wenn man schnell etwas auf den Tisch bringen will. Und nicht selten sind wir mit Fertigsaucen aus der Flasche zufrieden oder benutzen zuviel Salz, Pfeffer oder Butter. Hervorragende Saucen, Marinaden und Dressings lassen sich schnell und einfach zubereiten. Sie geben den Gerichten eine ganz neue Note, auch solchen, die scheinbar langweilig geworden sind. Die Zubereitung öffnet ganz neue Wege, läßt Experimente zu, wobei man nur der eigenen Nase folgen muß

### AUF DER SPEISEKARTE

- Frenchy LeBec's Steak Sauce
- Nutty Parmesan Dressing
- Rudy's Russian Dressing
- Guido's Creamy Garlic Dressing
- Dutch's Mustard Mayo Dressing
- Sweet-Funky Dunking Sauce
- Mi Hung's Mustard Sauce
- Carolina BBQ Marinade for Meat & Chicken

# Frenchy LeBEC'S Steak Sauce

*Ein Sauce mit einem starken Geschmack. In einer Minute zubereitet eignet sie sich für Grillsteaks und Kalbsschnitzel.*

Reicht für ein sehr großes Steak

ZUTATEN

*50 Gramm Blauschimmelkäse*
*1½ Teelöffel Worcestershiresauce*
*Zwei Eßlöffel Butter*

**1**. Den Käse in einer Schüssel zerstampfen. Dabei die Worcestershiresauce hinzugeben.

**2**. Die Butter in einer Pfanne schmelzen und den Käse hinzugeben. Rühren, bis die Sauce anfängt, Blasen zu werfen und dann direkt auf das Steak gießen. Dazu schmeckt ein Glas Rotwein.

„Früher mußte man quer durchs Land fahren, um die regionalen Küchen auszuprobieren. Wahrscheinlich ist es heute in einigen Gegenden immer noch so. Doch fast in jeder Stadt gibt es exotische Restaurants, und im Supermarkt kann man Nahrungsmittel aus allen Teilen der Welt kaufen. Viele haben Rezepte auf der Packung. Kochen ist gar nicht so schwer, wenn man die richtigen Anleitungen hat und die Zutaten seinem Geschmack anpassen kann."

Robert Smith, North Carolina

# NUTTY PARMESAN DRESSING

*Eine intensiv schmeckende Sauce, die sehr gut zu Gemüse paßt. Beim Käse sollte man nicht auf das abscheulich gemahlene Zeug zurückgreifen, das in den Regalen der Geschäfte lauert.*

AUSREICHEND FÜR EIN PFUND SPARGEL

ZUTATEN

*½ Tasse geschälte Walnüsse*
*50 Gramm Parmesan- oder Pecorinokäse*
*½ Tasse Olivenöl*

**1**. Walnüsse und Käse in einen Mixer geben und mahlen. Langsam Öl hinzugeben und sicher gehen, daß es von den Walnüssen aufgesogen wird. Dann das restliche Öl hineingießen. Das Dressing sollte die Konsistenz von Apfelmus haben.

**2**. Über frisch gekochten Spargel, grüne Bohnen oder Artischocken verteilen. Als Salatdressing benötigt die Mischung noch ein bißchen mehr Öl.

**PS.** Dieses Dressing hält sich lange Zeit im Kühlschrank, sollte aber bei Zimmertemperatur serviert werden.

# RUDY'S RUSSIAN DRESSING

*Die schwarzen Oliven und der Scamant lassen dieses Dressing etwas außergewöhnlich erscheinen. Am besten paßt es zu einem knackigen grünen Salat mit Schinken und Gruyère oder einem Clubsandwich.*

FÜR ZWEI TASSEN

ZUTATEN

*Eine Tasse Mayonnaise*
*½ Tasse Chili-Sauce*
*¼ Tasse süße Gewürzgurken*
*Ein Eßlöffel Meerrettich*
*Salz nach Geschmack*
*Gehackte schwarze Oliven*

**1**. Alle Zutaten mit Ausnahme der Oliven in einem Mixer vermengen. So erreicht man die richtige Konsistenz.

**2**. Die Oliven hinzugeben und das Dressing von Hand mixen. Kalt servieren.

# Guido's Creamy Garlic Dressing

*Ein sahniges Dressing, gut geeignet für grüne Salate, Tomatensalat oder Salate aus schwarzen Oliven.*

Ergibt ungefähr zwei Tassen

ZUTATEN

*Eine Tasse Schmant*
*½ Tasse Mayonnaise*
*¼ Tasse Milch*
*Zwei bis drei Teelöffel fein gehackter Knoblauch*
*½ Teelöffel Sardellenpaste*
*Ein Teelöffel Tomatenmark*
*Salz und Pfeffer*
*Zucker (Option)*

**1**. Den Schmant und die Mayonnaise in einen Mixer geben und einige Sekunden vermengen. Dann Milch hinzugeben und wieder mixen. Nun kommt Knoblauch, Sardellenpaste und Tomatenmark in den Mixer und wieder geht es rund.

**2**. Salz und Pfeffer nach Geschmack hinzugeben und zuckern, wenn der Knoblauch bitter sein sollte. Vor dem Servieren gut kühlen.

„Motorradfahrer sind im allgemeinen gute Esser. Sie nehmen zwar nicht das beste Essen zu sich, dafür aber gute Portionen. Sie gehören nicht zu den Diätaposteln, wie man sie in den Medien immer wieder hervorhebt. Überhaupt ist jede nur auf Zeit angelegte Diät Blödsinn. Selbst übergewichtige Biker sind meist gesünder als Nahrungsfreaks. Das größte Problem der Motorradfahrer ist ihr Defizit an Bewegung. Die gesündesten Esser sind die regelmäßigen Läufer."

Dr. Steven Downing, Massachusetts

# Dutch's Mustard Mayo Dressing

*Das perfekte Dressing für Salate aus Meeresfrüchten oder als Dip für knackiges Gemüse. Macht sich auch gut als Aufstrich für Schinken- und Käsesandwiches.*

Ergibt eine Tasse

ZUTATEN

*Eine Tasse Mayonnaise*
*Zwei Teelöffel Dijon-Senf*
*Ein Teelöffel Zitronensaft*
*½ Teelöffel Salz*
*Ein Teelöffel Zucker*

**1**. Die Mayonnaise in eine Schüssel geben und leicht umrühren. Mit einer Gabel Senf, Zitronensaft, Salz und Zucker mischen. Die Mixtur probieren, sie sollte einen leichten Senfgeschmack haben. Wenn nötig, entweder Senf oder Mayonnaise zugeben, bis der gewünschte Geschmack erreicht ist.

**2**. Gut gekühlt servieren.

# Mi Hung's Mustard Sauce

*Warnung! Diese Sauce ist äußerst kräftig und wird am besten mit der Sweet Funky Dunking Sauce serviert.*

Ergibt eine halbe Tasse

ZUTATEN

*Vier Eßlöffel Senf*
*Vier Eßlöffel Wasser*

**1**. Senf in eine Schüssel geben. Unter Rühren das Wasser hinzugeben.

**2**. In einer weißen Schale servieren. Paßt gut zu Rippchen, mit Ei belegten Brötchen oder Schweinebraten.

**PS.** Die Sauce wird noch besser, wenn man das Wasser durch Wein oder abgestandenes Bier ersetzt.

# Sweet-Funky Dunking Sauce

*Vergessen Sie alle süßen Saucen, die man im Supermarkt kaufen kann. Dies ist die beste Sauce für Schweinebraten, Hähnchen, Spareribs und sogar Brötchen mit Ei.*

Ergibt zwei Tassen

ZUTATEN

*½ Tasse brauner Zucker*
*Zehn schwarze Pfefferkörner – gemahlener Pfeffer eignet sich nicht*
*½ Tasse einfacher weißer Essig*
*Eine Tasse Aprikosenmarmelade*
*Ein Eßlöffel Maisstärke*
*Zwei Eßlöffel kaltes Wasser*

**1**. Zucker, Pfefferkörner und Essig langsam erhitzen und rühren, bis sich der Zucker aufgelöst hat. Unter Rühren die Aprikosenmarmelade langsam beigeben und fünf Minuten lang kochen, bis sich die Marmelade aufgelöst hat.

**2**. Während die Mischung kocht, die Maisstärke in Wasser auflösen und in die Sauce geben. Einige Minuten lang aufkochen lassen und danach kochen lassen, bis die Sauce andickt. Zum Abkühlen in den Kühlschrank stellen.

**3**. Zusammen mit Mi Hung's Mustard Sauce von der gegenüberliegenden Seite servieren. Paßt auch zum angelieferten Essen vom Chinesen.

**PS.** Die Sauce hält sich einige Monate im Kühlschrank.

# Carolina BBQ Marinade for Meat & Chicken

*Diese Marinade eignet sich für alle Fleischsorten vor dem Grillen.*

Ergibt ungefähr eine Tasse

ZUTATEN

*Zwei Eßlöffel Kümmel*
*Vier fein gehackte Knoblauchzehen*
*Zwei Eßlöffel Chilipulver*
*Zwei Teelöffel Senf*
*Zwei Lorbeerblätter*
*¼ Teelöffel Zimt*
*¼ Tasse Zucker*
*1½ Teelöffel Selleriesalz*
*Zwei Teelöffel Pfeffer*
*Zwei Teelöffel Salbei*
*Sechs Eßlöffel Zitronensaft*
*Drei Eßlöffel Worcestershiresauce*
*Ein Teelöffel Tabasco*
*Zwei Eßlöffel Cidre-Essig*
*Eine Tasse Öl*

**1**. Alle trockenen Zutaten in eine Schüssel geben. Zitronensaft, Worcestershiresauce, Tabasco und den Essig zugeben. Rühren und einige Minuten ziehen lassen.

**2**. Öl hinzugeben und gut mischen. Eine weitere Stunden ziehen lassen.

**3**. Fleisch und Hähnchen einreiben und über Nacht im Kühlschrank ziehen lassen. Die Marinade macht das Fleisch zarter, so daß man auch schon mal billigere Stücke kaufen kann.

**PS**. Die Marinade hält sich lange im Kühlschrank.

# DESSERTS & SNACKS

Es gibt zwei Arten von Desserts. Die schnell herzustellenden und die komplizierteren. Jede Art hat aber ihren Platz im breiten Spektrum der Süßigkeiten. Natürlich wissen wir, daß Obst das gesündeste Dessert ist und daß man es regelmäßig essen sollte. Hin und wieder gönnen wir es uns aber, unsere Geschmacksnerven zu verführen, wie zum Beispiel mit dem Luscious Louise's Lemon Meringue Pie.

Alles in Maßen, versteht sich.

## AUF DER SPEISEKARTE

- The Non-Dieter's Delight
- Luscious Louise's Lemon Meringue Pie
- Larry's Good Eats Grits
- Panhead Popcorn With Tasty Toppings
- Banana Pecan Cake
- Teri's Super Fudge Brownies
- Keir's Crunchie Munchies

# Luscious Louise's Lemon Meringue Pie

*Zusammen mit einem starken schwarzen Kaffee das ideale Ende einer Mahlzeit. Für die Kruste unbedingt Schokoladenwaffeln benutzen.*

Für vier Biker

## ZUTATEN

### KRUSTE

*21 dünne und dunkle, zerbröselte Schokoladenwaffeln*
*1/3 Tasse geschmolzene Butter*

### FÜLLUNG

*3/4 Tasse Butter*
*1 1/2 Tassen Zucker*
*Gemahlene Schale von drei Zitronen*
*1/4 Tasse Zitronensaft*
*Vier Eier und ein geschlagenes Eigelb*

### BAISER

*Eiweiß von drei Eiern (Raumtemperatur)*
*Ein Teelöffel Wasser*
*1/8 Teelöffel Salz*
*1/4 Teelöffel Zitronensaft*
*Sechs Eßlöffel Puderzucker*
*3/4 Teelöffel Vanilleextrakt*

**1**. Für die Kruste die zerbröselten Waffeln und die geschmolzene Butter gut zusammenmischen. Die Mischung in eine Backform geben und sechs Minuten bei 180 Grad erhitzen. Danach abkühlen lassen.

**2**. Für die Füllung Butter, Zucker, Zitronenschalen und -saft zusammenrühren. Langsam die Eier hinzugeben und weiter kochen, bis die Eicreme dick wird. Abkühlen und in die Waffelmuscheln geben.

**3**. Für das Baiser Eiweiß, Wasser und Salz ungefähr drei Minuten in einem Mixer gut vermengen, bis die Mischung schaumig ist. Weinstein hinzugeben und weiter schlagen, bis die Mischung steif wird. Nun den Zucker langsam Löffel für Löffel hinzugeben und weiter schlagen. Sicherstellen, daß sich der Zucker vollkommen aufgelöst hat. Nun auch den Vanilleextrakt beigeben und mischen, bis das Baiser steif geworden ist.

**4**. Das Baiser auf der Füllung verteilen und 20 Minuten lang bei 150 Grad im Ofen backen. Mit Schlagsahne servieren.

# THE NON-DIETER'S DELIGHT

## (FRIED BANANAS WITH ICE CREAM)

*Dies ist kein Gericht für Diätfreunde. Die warme, reichhaltige Sauce und die Bananen passen hervorragend zur Eiscreme.*

REICHT FÜR ZWEI ERNSTHAFTE DESSERTFREUNDE

ZUTATEN

*Drei große, feste Bananen*
*½ Tasse Butter*
*¾ Tasse brauner Zucker*
*½ Teelöffel Zimt*
*¼ Tasse Bananenlikör*
*¼ Tasse Rum*
*Vanilleeiscreme*

**1.** Die Bananen der Länge nach aufschneiden und dann halbieren.

**2.** Butter bei geringer Hitze in eine Pfanne geben. Während die Butter schmilzt, braunen Zucker und Zimt hinzugeben. Mit einem Holzlöffel umrühren, bis der braune Zucker vollständig geschmolzen ist.

**3.** Die Bananen hinzugeben und ungefähr drei bis vier Minuten erhitzen und dabei immer wieder umdrehen, ohne sie zu beschädigen. Während sie kochen, die Sauce über sie gießen.

**4.** Wenn die Bananen leicht braun werden, den Likör in die Pfanne geben und umrühren. Danach den Rum hinzugeben und einige Minuten erhitzen.

**5** Nun sollte die Sauce eine braune, leicht angedickte Konsistenz haben. Die Bananen nun entfernen und auf zwei Teller legen.

**6** Die Hitze erhöhen, um die Sauce noch weiter anzudicken und dann von der Platte nehmen. Das Eis auf die Teller neben den Bananen geben und nun die Sauce drübergießen. Paßt gut zu einem doppelten Espresso. Danach in den Gelben Seiten die Telefonnummer von Weight Watchers suchen.

**Variation:** Die gekochten Bananen in eine Kuchenform legen und die Sauce drübergießen. Danach 20 Minuten lang in den Kühlschrank stellen, bis die Sauce härtet. Zusammen mit dem Eis servieren.

„In unserer Kindheit aßen wir bei unseren Familienausflügen immer in Truckstopps. Mein Vater suchte immer nach dem Truckstopp mit den meisten Lastwagen auf dem Parkplatz. Erst später, als ich erwachsen war, habe ich gemerkt, daß man in den Truckstopps mit das schlechteste Essen Amerikas bekommt. Nicht in allen natürlich, aber die meisten sind schmierige Löcher. Es gibt wohl nur zwei Gründe für deren Popularität: Kaffee und Parkplätze. Hin und wieder bieten sie aber auch hervorragenden Kuchen."

Arnold Schwantz, North Dakota

# Larry's Good Eats Grits

*Dieses Dessert empfiehlt sich zum Abschluß einer Mahlzeit in einer kalten, sternenklaren Nacht.*

Für zwei bis drei Biker

ZUTATEN

*Drei Tassen Wasser*
*¾ Tasse Hafergrütze*
*Sechs Eßlöffel Honig*
*1½ Teelöffel Zimt*
*½ Tasse nicht zu fein gehackte Pekannüsse*
*Schlagsahne*
*Pekannüsse für die Dekoration*

**1**. Wasser kochen und die Hafergrütze hineingeben. Die Temperatur verringern und rühren, bis die Mischung langsam dick wird. Nicht aufkochen lassen. Unter Rühren den Zimt und Honig zugeben. Abschmecken und bei Bedarf mehr Honig und Zimt hineingeben. Die gehackten Nüsse in die Hafergrütze geben und einige Minuten weiter rühren.

**2**. In zwei oder drei Dessertteller geben und mit reichlich Schlagsahne sowie Zimt und einer Pekannuß dekorieren.

**PS.** Man kann dieses Dessert auch mit Ahornsirup oder braunem Zucker als Ersatz für den Honig zubereiten.

„Die beiden besten Gerichte auf der Welt sind ganz ohne Zweifel Eiscreme und Schokoladenkekse. Es gibt wohl kaum jemand, der anders darüber denkt. Ich habe mal geglaubt, daß man anhand der Motorradmarke die Eßgewohnheiten des jeweiligen Motorradfahrers ermitteln kann. Das stimmt aber nicht so ganz. Natürlich gibt es viele Harley-Fahrer, die bekennende Barbecue-Fans sind. Aber es gibt auch eine ganze Reihe unter ihnen, die völlig andere Eßrichtungen bevorzugen. Es gibt auch mehr BMW-Piloten, die Sushi essen als Fahrer von asiatischen Rädern, die auf Bratwurst stehen."

Spuds Dooley, Ohio

# Keir's Crunchie Munchies

*Warnung: Diese Crunchie Munchies machen süchtig. Gleichgültig wieviel man davon zubereitet, sie sind schnell verschwunden. Alle Müslisorten, die nicht mit Zucker überzogen sind, eignen sich. Man kann auch alle nur erdenklichen Gewürze kombinieren. Also: Man fühle sich frei zu improvisieren.*

Genug, um eine ganze Armee zu füttern.

ZUTATEN

*Zwei Tassen Öl*
*½ Tasse Chilipulver*
*Ein Eßlöffel Knoblauchpulver*
*Ein Eßlöffel Zwiebelpulver*
*Ein Eßlöffel Pfeffer*
*Ein Eßlöffel Fisch-Gewürzmischung*
*½ Eßlöffel Cayenne*
*Ein Eßlöffel Rauchsalz*
*Zwei oder drei Schachteln Müsli*
*Zwei Tassen geröstete Erdnüsse*

**1**. Eine halbe Tasse Öl im Topf bei mittlerer Hitze erhitzen. Danach die Gewürze hinzugeben und solange „braten", bis sie sich (nach fünf Minuten) aufgelöst haben. Die Hitze verringern und das restliche Öl samt Rauchsalz hinzugeben. Unter Rühren weitere zehn Minuten kochen lassen.

**2**. Das Müsli und die Erdnüsse in einer Backform gründlich mischen. Danach die Ölmischung darüber gießen. Während des Hineingießens die Müslimischung mixen und sicherstellen, daß die gesamte Mischung von dem Ölmix überzogen wird.

**3**. Bei 120 Grad im Backofen ungefähr eine Stunde lang backen. Jede Viertelstunde wenden. Mit einem eiskalten Margarita-Cocktail servieren.

**PS.** Man kann die Crunchie Munchies bei jeder Temperatur servieren. Sie halten sich auch Wochenlang frisch, wenn wider Erwarten mal einige übrigbleiben.

# Panhead Popcorn with Tasty Toppings

*Nun vergessen wir ganz schnell das Zeugs aus der Mikrowelle, das wie Wolle schmeckt. Dies hier ist echtes Popcorn, und für den Preis einer Mikrowellenpackung bekommt man hier genug, um das Wohnzimmer zu füllen.*

ZUTATEN

*Öl*

*Ungefähr ½ Tasse Mais aus dem Supermarkt*

**1**. In einem Topf (mit Deckel) Öl bei mittlerer Hitze erhitzen. Ein Maiskorn hineingeben, bis es poppt.

**2**. Das restliche Popcorn hineingeben, aber nur eine Schicht auf den Boden legen. Die Hitze verringern. Das zischende Geräusch ist die entweichende Feuchtigkeit. Das ist wichtig, wenn man knackiges Popcorn haben will. Wenn es anfängt zu knallen, den Topf verschließen und die Hitze erhöhen und schütteln, bis das Knallen aufhört.

**Variationen:**

- Der Klassiker ist natürlich geschmolzene Butter und Salz, aber es gibt auch Versionen mit Knoblauchsalz, Kräutersalz, Zwiebelsalz, Selleriesalz, Paprikapulver, Taco- oder kreolischem Gewürz.
- Nachdem die Maiskörner im Topf sind kann man auch Chilipulver oder Curry hinzugeben.
- Einen Eßlöffel Sesam- oder Nußöl in den Topf geben, wenn man die Körner hinzugibt.

# Teri's Super Fudge Brownies

*Es gibt Millionen Rezepte für diesen Klassiker, doch das hier ist das beste und zugleich das schnellste. Man kann übrigens gut auf das Garnieren verzichten.*

ZUTATEN

*½ Tasse Butter*
*120 Gramm Blockschokolade*
*Zwei Tassen Zucker*
*Vier große Eier*
*Eine knappe Tasse Mehl*
*Ein Teelöffel Backpulver*
*Eine Prise Salz*
*Ein Teelöffel Vanilleextrakt*
*Als Option: ¾ Tasse nicht sehr fein gehackte Pekan- oder Walnüsse*

**1**. Butter und Schokolade zusammen schmelzen lassen und danach den Zucker, die Eier (jedes für sich), Mehl und das Backpulver hinzugeben. Danach ebenfalls das Backpulver, Salz, Vanille und die Nüsse.

**2**. Den Teig auf einem eingefetteten Backblech ausrollen und bei 150 Grad auf mittlerer Schiene 25 bis 35 Minuten backen. Das Geheimnis liegt darin, daß die Brownies nicht austrocknen. Den Backzustand mit einem Zahnstocher kontrollieren. Wenn viel Teig an ihm kleben bleibt, weitere fünf Minuten backen. Die Angaben sind so vage, weil sich die Backöfen sehr voneinander unterscheiden. Wenn man es einmal raushat, liebt man sie ein Leben lang. Danach aus dem Ofen holen, abkühlen lassen und in 20 Portionen schneiden.

**PS.** Am besten schmecken sie, wenn sie noch warm sind mit einem Glas eiskalter Milch oder einem Vanilleeis. Falls einige übrigbleiben, halten sie sich am besten in Plastikfolie.

„Man sollte eigentlich nicht glauben, daß man beim Motorradfahren hungrig wird. Aber man kann im Sattel durchaus einige Kalorien verbrauchen und es ist gut, wenn man sie auffrischen kann.

Ich glaube, das hängt mit der Verfassung zusammen. Ich habe schon richtig dünne Zeitgenossen erlebt, die nicht viel essen und damit gut auskommen. Ich hingegen geh' kaputt, wenn ich zuviel Zeit ohne Essen im Sattel verbringe. Wo immer ich anhalte, esse ich ein bißchen. Es ist einfach gut, die Beine zu strecken und den Magen zu füllen."

Glen Morton, Virginia

# Banana Pecan Cake

*Eine delikate Kombination aus Bananen und Pekannüssen mit einer reichhaltigen Nußglasur. Dazu reicht eine Tasse schwarzer, starker Kaffee.*

ZUTATEN

*Drei reife Bananen*
*½ Tasse Butter*
*1½ Tassen Zucker*
*Zwei große Eier*
*½ Teelöffel Backpulver*
*½ Tasse Buttermilch*
*Zwei Tassen Mehl*
*½ Teelöffel Natron*
*½ Tasse gehackte Pekannüsse*
*¼ Tasse Pekannusshälften zum Dekorieren*

GLASUR

*Drei Tassen Puderzucker*
*Zwei Eßlöffel Butter*
*Sechs Eßlöffel Ahornsirup*
*Sechs Eßlöffel Sahne*
*Eine Prise Salz*

**1**. Die Bananen zerstampfen und mit Butter und Zucker mischen. Die Eier nacheinander in die Mischung schlagen. Das Natron in der Buttermilch auflösen und in den Teig geben. Mehl, Backpulver und Pekannüsse dazugeben und gut mixen.

**2**. Den Teig in zwei Backformen geben und bei 180 Grad 30 bis 35 Minuten lang backen. Mit einem Zahnstocher prüfen, ob der Teig gar ist. Zehn Minuten in den Formen abkühlen lassen. Danach auf einem Gestell vollständig abkühlen lassen.

**3**. Für die Glasur den Zucker in einen Topf geben und in der Mitte eine Vertiefung hineindrücken. Butter, Ahornsirup, Sahne und Salz in den Zucker geben. Gut schlagen bis die Mischung glatt ist. Jetzt schnell auf die beiden Kuchenteile verteilen und die beiden Hälften schichten. Den Rest auf der Oberseite und dem Rand des Kuchens verteilen und mit den halbierten Pekannüssen dekorieren.

**PS.** Die Glasur wird schnell fest.

## DANKSAGUNG

Ein Buch wird nur selten von einer Person allein geschrieben, und dieses hier bildet da keine Ausnahme. Ich möchte mich bei den zwei großartigen Köchinnen Louise Washington und Melanie Feldman aus New Orleans bedanken, die mir immer mit Rat und Tat zur Seite standen; außerdem gilt mein Dank Jane Donovan (Projektmanagerin), Kathryn Hawkins (Lebensmittelstylistin), Jon Stewart (Fotograf) und Roger Hyde (Designer), die alle an den hervorragenden Bildern zu den einzelnen Rezepten beteiligt waren; vielen Dank Keir und Sarah Helberg, die mir mit ihren vielen Büchern eine große Hilfe waren; Dank auch an meinen Cousin Ten Dobrow, der die Rezepte meiner Muter aufbewahrt hat und an Philip de Ste. Croix, der die Idee für dieses Buch entwickelte. Besonders erwähnen möchte ich Nancy Davis von Random House Value Publishing – ohne ihre Kreativität wäre das Buch nicht so geworden wie es ist.

Herzlich bedanken möchte ich mich bei Gerry Mars, bei meinem Sohn Benjamin, der sich als Versuchskaninchen zur Verfügung gestellt hat und bei meiner lieben Sara, die mir bei der Zubereitung half und mich moralisch unterstütze.

# Bücher für Biker

ISBN 978-3-86852-790-2
**EUR 24,99**

ISBN 978-3-95843-052-5
**EUR 29,95**

ISBN 978-3-86852-361-4
**EUR 16,99**

ISBN 978-3-86852-075-0
**EUR 24,99**

ISBN 978-3-86852-691-2
**EUR 14,99**

ISBN 978-3-86852-631-8
**EUR 12,99**

ISBN 978-3-95843-054-9
**EUR 59,–**

ISBN 978-3-95843-192-8
**EUR 49,95**

ISBN 978-3-86852-945-6
**EUR 9,99**

ISBN 978-3-95843-044-0
**EUR 24,95**

ISBN 978-3-95843-163-8
**EUR 29,95**

ISBN 978-3-86852-489-5
**EUR 49,95**

**Unsere Bücher erhalten Sie unter www.heel-verlag.de und in jeder Buchhandlung!**